RENATO VELOSO

28,00

CB142455

SISTEMA INTEGRADO DE

ANHANGUERA EDUCACIONAL

Tecnologias da Informação e Comunicação

Desafios e Perspectivas

Universidade Anhanguera de São Paulo
Santo André

Editora Saraiva
www.editorasaraiva.com.br

Editora Saraiva

Rua Henrique Schaumann, 270
Pinheiros – São Paulo – SP – CEP: 05413-010
PABX (11) 3613-3000

SAC **0800-0117875**
De 2ª a 6ª, das 8h30 às 19h30
www.editorasaraiva.com.br/contato

Diretora editorial Flávia Alves Bravin
Gerente editorial Rogério Eduardo Alves
Planejamento editorial Rita de Cássia S. Puoço
Editores Jean Xavier
Patricia Quero
Produtores editoriais Daniela Nogueira Secondo
Rosana Peroni Fazolari
William Rezende Paiva
Comunicação e produção digital Nathalia Setrini Luiz
Suporte editorial Juliana Bojczuk
Juliana Moura Lucena
Produção gráfica Liliane Cristina Gomes

Arte, produção e capa ERJ Composição Editorial
Impressão e acabamento Gráfica Paym

ISBN 978-85-02-14591-7

CIP-BRASIL. CATALOGAÇÃO NA FONTE
SINDICATO NACIONAL DOS EDITORES DE LIVROS, RJ.

V555t

Veloso, Renato
Tecnologias da informação e da comunicação : desafios e perspectivas / Renato Veloso. – São Paulo : Saraiva, 2011.

Contém filmografia
Inclui bibliografia
ISBN 978-85-02-14591-7

1. Tecnologia da informação. 2. Comunicação de massa e tecnologia. 3. Sociedade da informação. I. Título.

11-6517 CDD-303.4833
CDU-316.422

Copyright © Renato Veloso
2011 Editora Saraiva
Todos os direitos reservados.

1ª edição
1ª tiragem: 2011
2ª tiragem: 2013
3ª tiragem: 2014
4ª tiragem: 2015

Nenhuma parte desta publicação poderá ser reproduzida por qualquer meio ou forma sem a prévia autorização da Editora Saraiva. A violação dos direitos autorais é crime estabelecido na lei nº 9.610/98 e punido pelo artigo 184 do Código Penal.

303.891.001.004

REG.: 5379961
CLAS.: 658.4038
PHA.: V555t

Sobre o autor

Renato Veloso é professor adjunto da Universidade do Estado do Rio de Janeiro (UERJ), da Universidade Veiga de Almeida (UVA) e coordenador do Núcleo de Estudos em Gestão e Informação (NEGI).

Para Zenita e Geraldo. Sempre em nossas lembranças.

Mundo Virtual

Entro apressado e com muita fome na lanchonete. Escolho uma mesa bem afastada do movimento, pois quero aproveitar a folga para comer e passar um e-mail urgente para meu editor. Peço uma porção de fritas, um sanduíche de rosbife e meia cerveja. Abro o notebook. Levo um susto com aquela voz baixinha atrás de mim.

– Tio, dá um trocado?

– Não tenho menino.

– Só uma moedinha para comprar um pão.

– Está bem, compro um para você.

Minha caixa de entrada está lotada de e-mails. Fico distraído vendo as mensagens.

– Tio, pede para colocar margarina e queijo também.

Percebo que o menino tinha ficado ali.

– Certo. Vou pedir, mas depois me deixa trabalhar, estou muito ocupado.

Chega minha refeição e junto com ela meu constrangimento. Faço o pedido do guri e o garçom me pergunta se quero que mande o garoto ir embora. Minha consciência me impede de dizer sim. Digo que está tudo bem.

– Deixe-o ficar. Traga o pedido do menino.

– Tio, você tem Internet?

– Tenho sim, é essencial ao mundo de hoje.

– O que é Internet?

– É um local no computador, onde podemos ver e ouvir, notícias, músicas, conhecer pessoas, ler, escrever, sonhar. Tem de tudo no "mundo virtual".

– E o que é virtual?

Resolvo dar uma explicação simplificada, na certeza que ele pouco iria entender.

– Virtual é um local que imaginamos, algo que não podemos pegar e nem tocar. É lá que criamos um monte de coisas que gostaríamos de fazer, criamos nossas fantasias, transformamos o mundo do jeito que gostaríamos que fosse.

– Legal isso. Adoro!

– Menino, você entendeu que é virtual?

– Sim, também vivo neste mundo virtual.

– Nossa! Você tem computador?

– Não, mas meu mundo também é desse jeito. Virtual! Minha mãe trabalha, fica o dia todo fora, só chega muito tarde, quase não a vejo; eu fico cuidando do meu irmão pequeno que chora de fome e eu dou água para ele imaginar que é sopa; minha irmã mais velha sai todo dia, diz que vai vender o corpo, mas não entendo, pois ela sempre volta com ele; meu pai está na cadeia há muito tempo, mas sempre imagino nossa família toda junta em casa, muita comida, muitos brinquedos, ceia de Natal e eu indo ao colégio para virar médico um dia. Isso é virtual não é tio?

Agradecimentos

Um livro sempre é uma obra coletiva. O autor assina, mas na verdade sua produção envolve a participação, direta ou indireta, de vários sujeitos. Com este livro não foi diferente. Sua realização só se tornou possível graças a inúmeras contribuições de diversos companheiros e companheiras. Expresso, a seguir, meu reconhecimento e agradecimento a alguns deles, lembrando que sua presença tem sido fundamental nos caminhos que temos percorrido neste campo.

- Ao CNPq, pelo financiamento aos projetos de pesquisa que produziram boa parte das reflexões aqui apresentadas.
- À equipe do Núcleo de Estudos em Gestão e Informação – NEGI (Cila, Mayana, Lyvia, Daiane, Dayanna, Taiane, Cristiane, Amanda, Micely, Letícia, Vanessa e Hildnir), pelo aprendizado rico e coletivo que estamos conseguindo realizar.
- À profª. Drª Vânia Morales Sierra, companheira de trabalho com a qual divido grande parte dos *desafios* e *perspectivas* na pesquisa sobre o tema.
- Aos colegas da Universidade do Estado do Rio de Janeiro (UERJ) e da Universidade Veiga de Almeida (UVA), pelas sugestões e colaborações oferecidas.
- A minha esposa e companheira Vanessa, e aos meus filhos Valentina e Bernardo, pelo respeito, amor e carinho que vimos mantendo um pelo outro por todos esses anos;
- A toda a minha família, especialmente minhas irmãs Andrea, Patrícia e Danieli, e meus sobrinhos Rodrigo, Willian, Tássilis, Ana Luísa e o pequeno *Eduardinho*, recém-chegado entre nós.
- Por fim, à Editora Saraiva, pelo reconhecimento e investimento na publicação desta obra.

Apresentação

As Tecnologias da Informação e Comunicação (TIC) constituem uma das modalidades mais expressivas do atual avanço tecnológico, e a identificação e reflexão sobre as suas possibilidades de aplicação ao trabalho tem sido uma das preocupações de diversas profissões. A presença cada vez mais forte e marcante de tais tecnologias em nossa sociedade vem sugerindo e apontando diversas modalidades de apropriação, visando o aperfeiçoamento e o aprimoramento do trabalho. O livro que ora se apresenta trata, portanto, de um tema importante e atual, e busca trazer uma contribuição para o debate sobre as TIC, suas aplicações e seu potencial para o trabalho, subsidiando a reflexão e problematizando os *desafios* e *perspectivas* que envolvem o tema[1].

Tenho sustentado a ideia de que uma apropriação crítica das tecnologias da informação e comunicação, que não sucumba a posturas mistificadoras, simplificadoras e reducionistas, largamente presentes no debate sobre o tema, pode adicionar novas possibilidades para a condução dos processos de trabalho que se utilizam de tais tecnologias, sendo necessário, contudo, evitar perspectivas que priorizem a racionalidade instrumental e o mero tecnicismo[2]. Neste sentido, a tecnologia é tratada neste livro como *mediação*, como integrante de um conjunto de instrumentos teórico-metodológicos, ético-políticos e técnico-instrumentais socialmente construídos que possibilitem alcançar finalidades projetadas e produzir mudanças qualitativas na condução de diversos processos de trabalho.

Para que as potencialidades presentes no uso das TIC adquiram concretude, é necessário um sólido processo de apropriação deste recurso, marcado pela valorização da competência crítica, e não apenas tecnológica. A apropriação das TIC a processos de trabalho pode assumir um caráter estratégico, possibilitando melhorias e avanços significativos nas diversas práticas às quais este recurso pode ser incorporado, proporcionando, dentre outros fatores, a viabilização de avanços na luta pela defesa de direitos, pela ampliação e consolidação da cidadania e pelo aprofundamento da democracia. Sem a garantia de tais pressupostos, o uso das tecnologias pode deixar de ser estratégico e cair na armadilha do tecnicismo.

As inovações tecnológicas caracterizam-se como espaço de disputa social, e possuem conexões com as finalidades e projetos dos segmentos hegemônicos

---

1 Algumas das questões aqui apresentadas foram tratadas anteriormente em VELOSO, R. *Serviço Social, tecnologia da informação e trabalho*. São Paulo: Cortez, 2011, tendo, no entanto, sofrido acréscimos e aprofundamentos a partir das reflexões e dos resultados dos projetos de pesquisa "Tecnologia da Informação a Serviço do Social: uma análise do seu potencial para a gestão pública" e "Cadastro Único: o potencial da tecnologia da informação para o acesso ao Programa Bolsa Família" (ambos financiados pelo CNPq), e do projeto de extensão "Tecnologias da Informação: assessoria a processos de apropriação", no âmbito do Núcleo de Estudos em Gestão e Informação (NEGI).

2 VELOSO, 2011.

que as elaboram e constroem. Tendo por base a análise concreta das relações e processos sociais, entende-se a tecnologia como expressão do desenvolvimento das forças produtivas, marcada pelo caráter contraditório constituinte do padrão específico de relações sociais capitalistas. Se ela vem sendo usada pelo capital para potencializar a produtividade e o lucro, isso não significa que não possam ser engendradas possibilidades históricas de apropriação deste recurso numa perspectiva alternativa, voltada, por exemplo, à defesa dos direitos sociais e ao fortalecimento de projetos sintonizados com a crítica dos valores capitalistas.

A utilização consistente e competente dos recursos oferecidos pelas TIC pode provocar alterações no desempenho de diversas atribuições e competências, podendo, por exemplo, gerar efeitos positivos em relação ao acesso a direitos. O registro, a sistematização de dados, a produção de informações sobre demandas, atendimentos e necessidades sociais, as novas práticas educacionais, novas culturas de gestão etc., podem ser potencializados pelo uso das TIC. Os dados e informações gerados podem ser utilizados para pesquisa e avaliação do trabalho, contribuindo para o desenvolvimento e o aprimoramento de projetos, programas e ações conduzidos nas diversas instituições e organizações. Trata-se de um uso que pode, também, potencializar a dimensão investigativa, oferecendo elementos e condições para uma organização mais sistemática dos dados e informações que perpassam cotidianamente as instituições.

Considera-se que as TIC podem oferecer uma importante contribuição para inúmeros profissionais em sua tarefa de articular as diversas mediações presentes no seu campo de atuação. Como se verá ao longo do livro, as tecnologias podem ser entendidas como um elemento que potencializa outras dimensões já previamente existentes no trabalho, e sua apropriação pode permitir aos profissionais otimizar competências e habilidades no âmbito de sua atuação nas diferentes áreas.

Pretende-se, portanto, abordar o significado e a importância das TIC para o trabalho dos profissionais que considerarem seu uso útil ou inovador em suas práticas, sinalizando algumas questões e possibilidades de alteração qualitativa no processamento das suas atividades profissionais. Parte-se do pressuposto de que as TIC podem ter um papel importante para o trabalho, desde que sua incorporação se dê de forma subordinada aos princípios e valores que orientam os *projetos*[3] de cada profissão. A tecnologia, portanto, antes de ser finalidade, integra um conjunto de meios e mediações acionados pelos profissionais no exercício

[3] Os *projetos profissionais* são aqui entendidos da forma sugerida por NETTO, José Paulo. A construção do projeto ético-político do Serviço Social frente à crise contemporânea. In: *Capacitação em Serviço Social e Política Social.* Módulo 1 – Brasília: CEAD/ABEPSS/CFESS, 1999: uma autoimagem da profissão, na qual estão presentes seus valores, seus objetivos, suas funções, requisitos, normas e balizas para o seu exercício. As TIC, na concepção sustentada neste livro, podem ser entendidas como um dos fatores que tornam possível a concretização de tais projetos, resultando, daí, o seu potencial estratégico.

de suas competências e atribuições, e os resultados obtidos com o seu uso estão vinculados às expectativas e demandas de cada projeto profissional particular.

A possibilidade de uma apropriação crítica das TIC é levantada tendo em vista o caráter contraditório das relações sociais, em que se vislumbra a possibilidade de utilização destas tecnologias no sentido de produzir respostas às necessidades e demandas apresentadas pela população, o que pode ser propiciado, ainda que não exclusivamente, pelo acesso aos serviços e políticas sociais públicas nos quais trabalham diversos profissionais.

O tema detém importância reconhecida em nossa sociedade. É possível afirmar a existência de uma tendência de valorização das TIC por parte do conjunto da população, manifestada, por exemplo, pela postura favorável ao uso do computador, da Internet, das redes sociais e dos inúmeros recursos oferecidos pelas inovações tecnológicas. No entanto, muitas vezes não dispomos de acesso às condições objetivas e subjetivas necessárias a uma apropriação consistente das TIC que possibilite a captação e apreensão de suas potencialidades, seja no dia a dia, seja no exercício profissional.

Acredita-se que o potencial dos recursos tecnológicos só é efetivamente apropriado pelos sujeitos na medida em que se disponha de alguns requisitos fundamentais, dentre os quais se destacam, além da vontade e da iniciativa do sujeito, as condições de uso e trabalho adequadas e um processo de formação profissional que trate do tema em suas diversas dimensões. Proponho, portanto, uma base inicial de discussão para refletir, numa perspectiva crítica, sobre as possibilidades de articulação entre as TIC, o trabalho e a formação profissional, destacando e problematizando alguns elementos presentes no debate sobre o tema.

Por estar presente no processo contraditório de reprodução das relações sociais capitalistas, a tecnologia, embora seja usada hegemonicamente para satisfazer interesses do capital, contém a possibilidade de satisfazer interesses alternativos, podendo ser colocada em sintonia com as demandas da população, fortalecendo práticas emancipatórias, experiências de luta e ações de resistência e emancipação social. Ao tomá-lo com base em sua natureza contraditória, pode-se sugerir que este recurso pode ser utilizado tanto para conservar e reproduzir aspectos do modo de organização capitalista quanto para buscar negá-los e superá-los. Apreendida numa perspectiva de totalidade, a tecnologia pode atender interesses contraditórios do capital e do trabalho, constituindo-se, portanto, como um campo de disputas em que projetos societários se confrontam. A inserção neste campo de disputas e a construção de uma contribuição voltada para os interesses contra hegemônicos requerem dos profissionais um consistente acúmulo teórico, metodológico, ético, político e técnico, de forma que possam deter tanto o domínio operacional do recurso tecnológico, quanto a postura crítica que lhe permita apropriar-se deste recurso e colocá-lo a favor de seus valores e princípios profissionais.

É neste sentido que as TIC podem ser utilizadas para atender interesses contraditórios. Seu uso social constitui-se como objeto de disputa, o que coloca a possibilidade histórica de incorporá-las numa perspectiva de reforço dos valores éticos presentes nos projetos profissionais. Por ser produto de um processo social contraditório, em que a riqueza socialmente produzida aumenta em proporção semelhante à produção de desigualdades, a tecnologia pode ser apropriada por sujeitos sociais que buscam a construção de processos sociais democráticos e participativos. Desta forma, a apropriação das TIC pode assumir um papel *estratégico*, no sentido de contribuir para a consolidação de valores como democracia, justiça e cidadania, sobretudo num contexto de desresponsabilização do Estado em relação à produção de respostas às expressões da questão social.

O conhecimento e o uso das TIC colocam a possibilidade de lidar com uma grande quantidade de dados, extraindo deles informações e conhecimentos preciosos para o trabalho, que, por sua vez, possibilitam a avaliação e a construção de novas práticas, processos, propostas, metodologias de intervenção, de ensino, comunicação, avaliação, dentre outros. Considera-se a capacidade de gerir, controlar, produzir e distribuir a informação um aspecto de grande importância para o trabalho, já que, por subsidiar a tomada de decisões e otimizar a condução dos processos de trabalho, pode potencializar o exercício profissional.

Uma das principais características das TIC para o trabalho está no seu potencial para o registro, a produção e a recuperação de dados e informações. Trata-se de um recurso que ajuda a descrever a realidade, oferece um panorama, um "retrato", uma aproximação à mesma. Os processos sociais que se encontram subjacentes a este "retrato", que permanecem ocultos sob a aparência em que se apresentam, precisam ser identificados e decifrados, e tal tarefa não é realizada apenas com a utilização da tecnologia, demandando outras competências[4] e habilidades profissionais.

[4] O termo "competência" não é utilizado aqui numa perspectiva de fragmentação e redução do trabalho profissional, onde, em vez de valorizar-se o domínio dos conteúdos necessários à atuação profissional, valoriza-se o domínio das competências para tal atuação. Antes, tal termo é tomado como sinônimo de "dimensão", denotando a compreensão de que a atuação profissional crítica supõe as dimensões teórico-metodológica, ético-política e técnico-instrumental. Se expressa, desta forma, uma contraposição em relação a abordagens "gerenciais", em que se constata a reprodução de um "discurso empresarial" existente, por exemplo, no que Barreto et al. apresentam como "estratégia de formação baseada em competências" , em que o ensino pode ser decomposto em "habilidades e competências básicas", cuja soma constituirá o desempenho "desejável" a ser alcançado pelo profissional. Não se pretende, portanto, que o recurso ao termo competência, sugira a possibilidade de obliteração de conteúdos ou ainda de esvaziamento ou redução da formação profissional a treinamento de habilidades e competências. Antes, indica, tal como assinalado por Iamamoto, uma competência que não seja a autorizada e permitida, "a competência da organização", mas, inversamente, "uma *competência crítica*, capaz de decifrar a gênese dos processos, suas desigualdades e as estratégias de ação para enfrentá-las. Supõe *competência teórica e fidelidade ao movimento da realidade*; *competência técnica e ético-política* que subordine o 'como fazer' ao 'o que fazer' e, este, ao 'dever ser', sem perder de vista seu enraizamento no processo social". Ver: BARRETO, R. G., LEHER, E. M. T.; NOGUEIRA, E. S. Formação baseada em competências e tecnologias da informação e comunicação: o paradigma (neo)tecnicista. In: *VI Colóquio sobre Questões Curriculares e II Colóquio Luso-Brasileiro sobre Questões Curriculares* – Currículo: pensar, inventar, diferir. Rio de Janeiro: UERJ, 2004. p. 1671); IAMAMOTO, Marilda Vilela. *O Serviço Social na contemporaneidade*: trabalho e formação profissional. São Paulo: Cortez, 1998. p. 80, grifos da autora).

Embora a utilização das TIC seja considerada importante e geradora de possibilidades inovadoras para a atuação profissional, isso não significa que seu uso tenha que substituir outras dimensões fundamentais do exercício profissional. Evita-se, portanto, a postura em que "tecnologia não significa soma, mas subtração"[5]. A imposição dos recursos tecnológicos às profissões pode favorecer a satisfação de valores não apenas diferenciados, mas contrapostos aos projetos profissionais. Em muitos casos, as tecnologias são usadas para subordinar valores e princípios ético-profissionais, postura frontalmente contrária ao que se pretende defender ao longo destas páginas.

Busca-se, portanto, apresentar uma reflexão sobre a relevância deste recurso para o trabalho em diversas áreas de atuação, dividindo-se o texto em dois capítulos. No primeiro, são oferecidas algumas bases teóricas abrangentes que permitem uma apropriação crítica da tecnologia, seus conceitos e suas possibilidades no âmbito do trabalho. São apresentadas algumas ideias gerais para se refletir sobre o significado do recurso tecnológico para as relações sociais, abordando o tema numa perspectiva crítica, de forma articulada ao movimento histórico da sociedade. No Capítulo 2, com base nas pesquisas e estudos realizados no âmbito do Núcleo de Estudos em Gestão e Informação (NEGI), são apresentados e discutidos alguns aspectos e considerações de ordem mais prática, relacionados aos *desafios* e *perspectivas* presentes nas possibilidades de aplicação das TIC em diversos campos e áreas, buscando, em especial, caracterizá-las como um importante recurso para o exercício profissional no campo das políticas sociais.

Finalizando estas linhas introdutórias, cabe destacar que não se pretende defender as tecnologias como um recurso mais estratégico ou mais importante do que outras dimensões necessárias ao trabalho. Pretende-se, sim, entendê-la como um recurso cuja importância só é evidenciada a partir de sua conexão com os demais fatores que constituem o próprio exercício profissional. Vale destacar, ainda, que a existência de algumas experiências de *incorporação* das TIC não significa a sua efetiva *apropriação*. Por esta última, entende-se a incorporação do recurso tecnológico em sintonia com os valores e princípios que orientam o exercício profissional, uma incorporação voltada ao reforço de tais princípios, e não como expressão de estratégias de substituição tecnológica, ou, ainda, situada em uma perspectiva meramente instrumental, em que a tecnologia é vista como ferramenta ou instrumento para atingir finalidades, no âmbito da racionalidade instrumental.

As TIC não devem ser concebidas como um fim em si mesmas, mas nos termos de sua inscrição em um determinado projeto profissional. É neste sentido que este livro constitui-se em uma importante contribuição ao debate sobre o tema, buscando estabelecer conexões entre tecnologia, formação profissional e

5 BARRETO, R. G. Educação e tecnologia: (des)caminhos da Educação Superior à Distância. *ADUFRJ Seção Sindical*, Rio de Janeiro, ADUFRJ, n. 515, p. 5, 2006.

condições de trabalho, sem cair na postura tecnicista, e afirmando a tecnologia como mediação, como um recurso para o reforço das profissões e de seus projetos. Como contribuição, acrescento, ao término do livro, uma filmografia que pode ser útil para a discussão do tema.

O autor

Prefácio

Vivemos hoje a realidade que vários autores apregoaram em um passado recente: a *sociedade da informação*, realidade que tem se mostrado muito mais ativa do que os mais otimistas dos autores poderiam prever. Yoneji Masuda, prescrevia que:

> Os homens serão liberados pela redução da dependência do trabalho de subsistência, para satisfazerem suas necessidades de auto realização, através da liberdade de decisão e igualdade de oportunidades. A sociedade da informação n ão se orientará para o consumo material abundante, mas sim pela criatividade cognitiva individual.[1]

Percebe-se, à época, uma visão lúdica de uma nova sociedade que estaria por vir, em que o respeito à relação de emprego certamente iria favorecer o lado humano, deixando para as máquinas as tarefas mais árduas, em ambientes inóspitos, de alto risco, com tarefas repetitivas, sem criatividade, etc., todas inadequadas ao homem erétil, que ficaria com a missão nobre de utilizar a sua capacidade intelectual e o tempo livre para melhorar a sua qualidade de vida.

A base para o estudo de Masuda foi a sociedade japonesa, que já havia iniciado a sua transformação para uma sociedade da informação, fato este que no Brasil teve seu início 20 anos depois, aproximadamente. Alvin Toffler, divide a evolução tecnológica da civilização em três partes:

> uma fase agrícola, a Primeira Onda; uma fase industrial, a Segunda Onda e a fase que começa agora a Terceira Onda", *tendo nesta Terceira Onda a Sociedade da Informação* (grifo nosso).[2]

Avaliando a sociedade de hoje com a utilização da TIC (Tecnologia da Informação e Comunicação), verifica-se que esta não tomou um caráter tão romântico como a visão de Masuda, pois o suposto tempo livre que se teria foi ocupado por uma necessidade de atualização constante em nós mesmos, para não correr o risco de ficar fora do mercado de trabalho em um curto espaço de tempo.

Tive a oportunidade de presenciar, ao longo da carreira, o desaparecimento de algumas profissões que carreavam um grande contingente de profissionais, principalmente no setor de informática e de telecomunicações, como os digitadores, que trabalhavam em turnos ininterruptos de produção em escalas de revezamento que, com a evolução da informática e o uso dos recursos de transmissão dos dados a distância, foram totalmente extirpados do mercado de trabalho. No setor de telecomunicações, os técnicos de telex e de sistemas analógicos de comunicação, que eram mão de obra especializada, foram gradativamente substituídos por técnicos com formação nas tecnologias modernas digitais, compatíveis com os computadores.

---

1 MASUDA, Yoneji. *A sociedade da informação como sociedade pós-industrial*. Rio de Janeiro: Rio, 1980.

2 TOFFLER, Alvin. *A terceira onda*. Rio de Janeiro: Record, 1992.

O mesmo aconteceu em outros setores, em que os analistas de organização e métodos (O&M) foram substituídos pelos analistas de sistemas, que detinham o conhecimento em computação, e os desenhistas, mão de obra que, além de especializada, necessitava de um perfil especial (que se chamava à época de "um dom para o desenho"), foram substituídos pelo profissional que manipula *software* de Desenho Assistido por Computador (CAD), em que basta um bom treinamento.

Muitas outras tecnologias estão por vir e certamente irão fazer com que os profissionais necessitem se readequar para não ficarem fora do mercado de trabalho. É o caso da tecnologia de RFID – Identificação por Rádio Frequência, que são etiquetas lidas por sinais de rádio (como nos pedágios automáticos). Existem pequenas etiquetas com código de barras que são colocadas nos produtos e podem ser lidas por sistemas rádio, que sendo implementadas nos supermercados certamente irão reduzir drasticamente o número de profissionais de caixa e de controle de estoque. Certamente este é um setor que absorve um grande contingente de trabalhadores que irão necessitar de uma realocação no mercado de trabalho. Porém, hoje há uma questão mundial: como criar novos postos de trabalho para absorver toda esta mão de obra?

Isso faz com que aquele tempo vago pensado por Masuda seja gasto continuamente em aperfeiçoamento e melhoria da qualidade da mão de obra, pois "através da qualificação consegue-se um espaço no mercado de trabalho". Este deve ser o pensamento reinante nesta era da tecnologia. Quanto à visão de Toffler (talvez atualizando-se a Terceira Onda para uma "Tsunami"), não se estaria exagerando, pois a cada dia a TIC mexe com a sociedade, mudando hábitos e costumes. É só olhar as redes de relacionamento (Orkut, Facebook, Twitter e outras), em que jovens se encontram, namoram, estudam, brincam, têm encontros íntimos, com tudo isso acontecendo em um mundo virtual, com resultados no mundo real.

Tenho sustentado a tese de que hoje a TIC é uma *commodity*, ou seja, faz parte de um conhecimento mínimo que todos de alguma forma deverão ter, e deve estar incluída nos currículos desde o ensino fundamental. A informática, somada às telecomunicações ou, como chamada por alguns, telemática, é a infraestrutura do mundo moderno. Não dá para se pensar em uma empresa, em um negócio ou lazer em que a TIC não esteja inserida de alguma forma, seja no automóvel que você está dirigindo, no filme 3D que você está assistindo, em um e-mail que você está recebendo ou uma foto da viajem que você esta fazendo e enviando para sua rede de relacionamento (vernáculo popular: "*twittando*") no momento em que ela foi tirada; é a vida em tempo real.

Dentro deste contexto, a obra do professor Renato Veloso é de suma importância. Este assunto no Brasil ainda é pouco discutido e é levado, via de regra, em foros de tecnologia e não em um ambiente de visão social, em que a tecnologia seja um mero coadjuvante. Como o autor, corroboro com a visão de que a tecnologia veio para servir a sociedade e não o inverso. Ter uma obra escrita por um pesquisador integrado nas políticas públicas e questões sociais de nosso país é o ponto forte desta obra, pois pode-se abrir a questão e discutir em profundidade qual o modelo de tecnologia que se pretende para o Brasil. Como bem diz o autor: "A TIC deve, em suma, potencializar o exercício profissional".

Em 1985, quando trabalhava em uma empresa estatal de telecomunicações, tive a oportunidade de vivenciar um fato que retrata a necessidade de uma política pública que olhe para a tecnologia do ponto de vista da empregabilidade, não sucumbindo ao desenvolvimento tecnológico. Uma grande empresa privada fabricante de equipamentos de telecomunicações, enviou ao exterior um grupo de engenheiros para se especializar e poder desenvolver os produtos com tecnologia nacional. Um ano após, iniciou-se a fase dos desenvolvimentos dessa tecnologia no Brasil. Iniciada a tão esperada fase de desenvolvimento da tecnologia nacional, a empresa em questão foi vendida. O novo sócio, em seu primeiro mês de gestão, demitiu toda a equipe de projetistas, com a alegação de que "se existem países do primeiro mundo que copiam, por que nós iríamos desenvolver tecnologia própria? Isso seria muito caro e não competitivo, em nível financeiro." Essa atitude contribuiu para o que somos hoje, totalmente dependentes tecnologicamente, apesar da reserva de mercado que se teve por dez anos, e nossos cursos de engenharia eletrônica cada vez mais raros, interferindo diretamente no mercado de trabalho.

O autor, na primeira parte do livro, nos leva a uma abordagem bastante abrangente sobre a tecnologia e seus diferentes aspectos relacionados ao trabalho e a própria evolução tecnológica. Confronta os que estão de fora desta evolução, ou seja, os excluídos digitais, e por fim o uso racional da tecnologia, a tecnologia servindo a questões sociais e à empregabilidade. Uma visão bastante moderna e apropriada é a relação de tecnologia com o capitalismo por meio do acúmulo de riquezas de um determinado grupo e a necessidade de adequar estes interesses econômicos e financeiros aos interesses da classe trabalhadora. Outro ponto forte colocado pelo autor, com o qual eu compartilho, mesmo sendo diretamente ligado à área tecnológica, é o "endeusamento da tecnologia". Sou partidário da corrente que preceitua a tecnologia como ferramenta e promoção do bem-estar social. Ao se lançar um foguete ao espaço tem-se como objetivo a pesquisa de novas formas de vida, substâncias que venham a melhorar a vida na terra, o entendimento das origens de nosso planeta para poder preservá-lo. Ótimo! Caso não seja este o objetivo maior, a tecnologia adquirida será inócua. Isso vale para o coração artificial, robôs com as articulações do corpo humano, próteses inteligentes, olhos com a visão digital, etc., todas vindo a favorecer uma melhor qualidade de vida do homem.

Na discussão sobre técnica, tecnologia e produção é interessante analisar a visão do homem buscando, na sua vivência e experiência, soluções de tecnologia que o auxiliem, como aconteceu com a roda, em que a necessidade era a de se locomover mais rapidamente, a roldana para levantar pesos que sozinho não se conseguia, as máquinas de calcular que auxiliavam as operações básicas e, mais recentemente, a necessidade de comunicar-se a distância, com o telefone, o telégrafo, o telex e, por fim, a Comunicação de Dados e as Redes de Computadores; todos voltados para o homem e a sua melhor interação com o meio social.

Quando se discute tecnologia e capitalismo, abre-se um ponto interessante para discussão sobre o trabalho: esta atividade humana pode ou não ser transferida para uma máquina? Hoje tem-se robôs dotados de inteligência artificial (IA) capazes de efetuar pequenas atividades domésticas, como limpar, buscar algo na geladeira ou no armário, aspirar uma piscina, com tarefas totalmente supervisionada e monitorada pela própria máquina. A função do homem (patrão) é tão somente dar a ordem (ligar) e as atividades específicas serão executadas nos moldes que seriam por um empregado humano. Podemos considerar esta atividade como uma transferência do trabalho? Observa-se que não há uma supervisão humana na realização das tarefas. Temas com este são tratados na presente obra, e certamente passarão a fazer parte de novas literaturas, pois além do campo social, uma máquina ocupando atividades e postos de trabalho do homem, dá margem a questões jurídicas decorrentes desta relação, como por exemplo, se a máquina causar prejuízos quem irá se responsabilizar pelo dano?

Um exemplo ocorrido em um passado recente foi na indústria siderúrgica, com a privatização de algumas empresas estatais. Uma destas companhias siderúrgicas tinha, nos anos 1970/1980, três turnos com aproximadamente 6.000 trabalhadores por turno. Passados pouco mais de 20 anos, com a automação do setor e das linhas de produção, e em nome da competitividade internacional, possuem hoje nos mesmos três turnos, e com uma produção, certamente, muitas vezes maior, menos de 6.000 empregados. Este é um exemplo clássico da imposição do capital no uso indiscriminado da tecnologia em função única e exclusivamente visando o capital. Se ações conjuntas fossem pensadas, certamente as cidades vizinhas desta companhia não seriam quase levadas à falência devido ao alto índice de desemprego; ao aumento dos índices de criminalidade, e outras consequências irreparáveis, como o aumento do exército de reserva nestas localidades. O que podemos aprender com este exemplo é que uma ação conjunta do Estado com políticas públicas adequadas, certamente introduziria a tecnologia sem traumatizar os grupos sociais ao redor desta companhia.

Outro exemplo, mais atual, que se presencia é a entrada da tecnologia de EAD – Ensino a Distância nas IES – Instituições de Ensino Superior. É bom salientar-se que, sob o ponto de vista de novas tecnologias e formas de facilitar e levar o conhecimento a todos os lugares, considerando o Brasil um país de dimensões continentais, sou totalmente favorável ao EAD. Porém, o uso indiscriminado desta tecnologia deixa a sociedade novamente à mercê de grupos econômicos com o interesse direto de auferir capital, sem uma responsabilidade social.

Em todas as carreiras, principalmente nos cursos de graduação em que o aluno vem do ensino médio, existem disciplinas em que são imprescindíveis as aulas presenciais, em que o professor tem de passar ao aluno conhecimentos e habilidades específicas, o que não se consegue apenas por meio de leitura de textos, fóruns, vídeo aulas, ou qualquer outro artifício tecnológico, como em uma aula de anatomia ao se definir a profundidade de uma incisão de um bisturi; assim como o raciocínio lógico dentro das linguagens de programação; os debates acalorados de temas sociais em sala sobre o papel do Estado quanto à educação e à saúde; a aplicação de teorias e cálculos de engenharia, física, economia e muitos outros. Assuntos como estes só se aprende em aulas presenciais, pois o debate é que faz com que haja o efetivo aprendizado, a leitura nos leva a ter a informação, porém a aquisição do conhecimento é um pouco mais do que isso, e, para tal, o debate e o posicionamento são imprescindíveis na formação do futuro profissional.

Penso que há tendência a um modelo semi-presencial, onde se pode ter a informação através do EAD e o conhecimento nas aulas presenciais. Existe uma instituição governamental no Estado do Rio de Janeiro – CEDERJ, que aplica este modelo de EAD com bastante sucesso. Um modelo puramente EAD nos remete ao inicio da leitura do presente livro, onde o autor foca o uso da tecnologia para atender a modelos puramente econômicos, em que, mais uma vez, o capital passa a ser o principal objetivo, pois se pode alocar um único professor com até sete turmas de 50 alunos cada, pagando o equivalente a bem menos da metade a que teria direito se as aulas fossem presenciais. Isto passa a ser um incentivo ao acúmulo de riquezas, onde poucos continuam ganhando muito.

O autor dedica uma parte importante da obra ao "excluído digital" e ao desafio para torná-lo um partícipe desta era, em que já se encontra inserido. A era tecnológica não é o futuro e sim o presente. Pessoas já estão nascendo dentro deste contexto e o nascituro, ainda dentro do próprio hospital, já tem a sua exposição pela internet, por meio de fotos e câmeras de monitoramento. Hoje já se nasce dentro do mundo real ao mesmo tempo que se nasce no mundo digital. Mas isso ainda não é uma realidade para uma classe menos favorecida em que, nos hospitais públicos luta-se para conseguir nascer, pelo menos no mundo real, pois já se nasce excluído do mundo digital. O autor traz números e dados relevantes desta triste situação em nosso país e no mundo. O atual governo propõe um Plano Nacional de Banda Larga para acesso gratuito à internet em todo o país, mas isto, infelizmente, ainda não saiu do papel e encontra entraves econômicos junto às operadoras, hoje privatizadas e sob concessão, em sua totalidade. Uma pequena contribuição dada por políticas de educação em alguns Estados é o fornecimento de microcomputadores aos alunos e professores do Ensino Fundamental. É uma iniciativa válida se for ampliada para todos os Estados da federação. O autor levanta uma questão de suma importância ao tratar o tema, colocando que "existe uma divisão fundamental na sociedade, que antecede a divisão digital: a divisão entre os que efetivamente se apropriam e os que não se apropriam dos frutos da produção social". O tema é bastante relevante e nos chama à reflexão e ao debate.

Finalizando a primeira parte do livro, Renato Veloso expõe sua visão social do uso da tecnologia como fator de mediação, capaz de propiciar a ampliação das capacidades e habilidades profissionais. Esta deve ser direcionada para a consecução de projetos profissionais que conferem prioridade à satisfação dos interesses dos usuários das políticas sociais e de segmentos populares e não somente atender aos grupos dominantes e ao capital para acúmulo de riquezas. Na sequência, complementa a base teórica proposta inicialmente, apresentando um ponto de equilíbrio, em que a TIC pode e deve ser utilizada para favorecer aos trabalhadores e aumentar a empregabilidade, gerando inclusive novos postos de trabalho.

Ao se olhar a tecnologia como parceira e aliada, vislumbra-se melhorias significativas na qualidade de vida. O autor faz uma clara distinção entre Técnica e Tecnologia, que via de regra são termos utilizados como sinônimos de forma indiscriminada. Enquanto a primeira se preocupa com os métodos e processos de como as coisas são feitas para se atingir um determinado objetivo, a segunda é muito mais abrangente, pois trata da aplicação deste conhecimento e a sua utilização prática, mostrando o seu caráter multidisciplinar. E como não poderia deixar de ser, o autor é muito feliz ao dedicar parte de sua obra à Internet e ao Ciberespaço. Esta é uma tecnologia que veio para revolucionar e aproximar os povos e quebrar barreiras. Hoje tem-se um novo conceito de soberania dos Estados, pois a humanidade está toda interconectada, e mesmo os países com regimes autoritários, em que o direito a informação é cerceado, não conseguem reter a informação. Acabamos de presenciar, em tempo real, noticias e vídeos postados na internet que denunciaram fatos de opressão de um dado governo. Estes relatos levaram a ONU a tomar partido e impor retaliações. É o uso da tecnologia a favor da liberdade e do crescimento do próprio homem em busca de uma vida com dignidade para todos os povos do planeta. É a potencialização de práticas democráticas, como bem coloca o autor.

Buscam alguns autores uma melhor definição para o que seria a TIC. Podemos acalorar este debate voltando um pouco no tempo e buscando uma evolução do termo em que o computador é o foco central. Nos anos 1960/1970 chamava-se Centro de Processamento de Dados (CPD), pois o foco era o armazenamento da informação para posteriormente emitir relatórios e listagens destes dados armazenados. Nos anos 1980/1990, com o advento dos microprocessadores, chegou a era dos Computadores Pessoais (PC's). Com esta ferramenta ainda focada na máquina, chega-se ao termo Informática, ou seja, uma informação que chega de forma automática ao usuário que passa a tratar diretamente com a máquina. Em seguida, tivemos a fusão das Telecomunicações com a Informática, propiciando o acesso remoto às informações, surgindo, assim, o termo Telemática (2000). Até este ponto, o foco ainda era o computador. Com o avanço da tecnologia digital e a fusão dos diversos tipos de mídias de informação – voz, dados e imagem – surgiu o termo multimídia ou multimeios, que trouxe a reboque as redes convergentes, que conseguiam trafegar qualquer um destes tipos de informação. Neste ponto, estava pronto o cenário tecnológico em que o que passava a ter importância era o conteúdo, ou a informação que circulava por este aparato digital. A infraestrutura não estava mais em uma única máquina e sim em qualquer lugar, e disponibilizada ao usuário por meio de celulares, IPod, IPad, relógios digitais, GPS, televisores interativos, etc. Surgiram, então, os termos Sistemas de Informação (SI) e Tecnologia da Informação (TI), em que o foco era a construção das bases de dados, bases de conhecimento e sistemas de gestão sobre estes dados. Nesse ponto, era preciso um termo mais abrangente onde as demais áreas, que não somente as ligadas diretamente à tecnologia do computador pudessem utilizar, um termo que englobasse a utilização da informação, servindo principalmente de base para apoio à decisão e gerenciamento da informação. Surgiu então o termo Tecnologia da Informação e Comunicação (TIC), tornando essa visão mais abrangente. É claro que esta é uma evolução dos termos sob uma visão pessoal, podendo e devendo ser contestada, com o intuito de se evoluir constantemente a utilização da tecnologia em todas as áreas do saber.

Um ponto relevante da presente obra é a incorporação de um exemplo prático de utilização da TIC no setor do Serviço Social, o Sistema de Informações do Serviço Social (SISS), em cuja criação o autor teve participação direta. O relato feito é abrangente e esclarecedor, e certamente fará surgir novas ideias de aplicações da TIC. Também é apresentada a carência de ferramentas automatizadas de gestão no âmbito do Serviço Social, o que deixa uma boa margem para a contribuição de novas pesquisas sobre o assunto. Uma ponderação bem interessante sobre o SISS é que, apesar dos benefícios trazidos e dos frutos obtidos pelas informações e relatórios extraídos do sistema, pouco tempo depois deixou de ser utilizado, retornando aos processos manuais anteriores. Trata-se, certamente, de um dos maiores problemas que os sistemas de informação enfrentam, pois são implantados sem uma política institucional que os sustente, evidenciando questões como: o não treinamento dos usuários do sistema; a falta de recursos humanos; equipamentos e local inadequado; falta de manutenção nos equipamentos e no sistema; novas implementações solicitadas pelos usuários. Todos estes fatores, ocorrendo de forma isolada ou conjunta, levariam os sistemas de informação ao colapso. Por vivência profissional, afirmo que um sistema para ser implantado com êxito necessita do envolvimento dos responsáveis e chefias em todos os níveis, seja de uma empresa privada ou de um ambiente da administração pública. Todos os níveis devem estar envolvidos, só assim a TIC será suportada por sistemas de informação confiáveis e os resultados ocorrerão dentro do esperado.

Quando o autor levanta o tema sobre a resistência ao uso da TIC, acredito que, a médio prazo, isto será suplantado no que diz respeito à rejeição do profissional pela máquina e o medo de ser controlado. Isso ainda hoje é uma realidade, pois o adulto com 30 anos que está no mercado de trabalho, certamente não teve o uso do computador em sua formação básica, e os receios de errar e o controle da máquina se fazem presentes. Porém, o contato da nova geração com o computador desde o ensino fundamental, com políticas públicas adequadas e o fim do analfabetismo digital, certamente estarão mais abertos ao uso da tecnologia e menos resistentes ao uso da TIC em suas vidas profissionais.

O autor trata, ainda, da formação profissional, seja na graduação ou na pós-graduação, e a interferência direta para a melhoria dos sistemas de informação e a sua utilização pelos profissionais das mais diversas áreas. É dada ênfase não somente ao aprendizado de ferramentas e pacotes de *software* como editores de texto e planilhas, mas também em desenvolver uma consciência para a aplicação da TIC. Como ela pode melhorar o que hoje estou fazendo, ou o que é feito sem a sua efetiva utilização. Conscientizar o profissional nesta forma constante de pensar trará benefícios, pois a evolução deixaria de ser pontual e passaria a ser constante, assim se desenvolveria um senso crítico: – Como posso me beneficiar com o uso da TIC?

Por fim, trata do enquadramento das políticas públicas sociais e as TIC. Muitas delas, já citadas anteriormente, com aplicação imediata e simples e outras dependendo da vontade política para a sua execução, como destinar maiores verbas ao ensino fundamental para dotá-lo de uma infraestrutura que propicie o ensino generalizado da informática para todos, base para que no futuro existam profissionais integrados à essa realidade. O apoio a implementação da gestão da informação no ambiente público para quetoda verba arrecadada pelo Estado em impostos e taxas nos três níveis da administração pública (Federal, Estadual e Municipal) esteja disponível a população, bem como os gastos públicos. Temos avançado neste sentido, porém a sociedade precisa se organizar e buscar representatividade para poder supervisionar estes gastos, e poder participar efetivamente da distribuição das verbas públicas. A TIC é, sem dúvida, a infraestrutura de conhecimento necessária para que este modelo venha a ser construído.

O autor finaliza o tema com uma exposição de motivos pelas quais a TIC deve ser apropriada, mas frisa que em momento algum ela deve superar as questões presentes no cotidiano profissional, pois quem irá resolvê-las serão os próprios profissionais. Em suas palavras:

> Uma real incorporação das TIC supõe que os profissionais deixem de ser meros usuários ou consumidores, passando a formular e implementar propostas criativas e críticas que demonstrem sua efetiva apropriação adequada a suas demandas e necessidades, e não impostas, podendo promover o enriquecimento tanto da formação quanto do trabalho profissional.

O presente trabalho é de leitura bastante agradável, em que o tema é abordado de forma aberta e profunda, com posições e perspectivas diversas, o que torna o texto enriquecido, pois deixa o leitor livre para poder buscar sua próprias e mais adequadas conclusões.

Parabenizo o professor Renato Veloso, afirmando que a presente obra se tornará leitura obrigatória em diversos cursos de graduação e pós-graduação, para os que são estudiosos do assunto. O autor é um pesquisador da área social e líder de Grupo de Estudos sobre Políticas Públicas, e como a inserção da tecnologia neste setor está apenas começando, certamente outras obras do autor estão por vir.

Parabéns Professor Renato Veloso por sua contribuição.

Rio de Janeiro, outubro de 2011.

Carlos Alberto Alves Lemos, DSc.
Professor adjunto do Centro Setorial de Computação e Matemática Aplicada (CCMAT) do Centro Universitário Estadual da Zona Oeste (UEZO).

Sumário

Capítulo 1 **Bases teóricas para uma apropriação crítica das Tecnologias da Informação e Comunicação (TIC)....... 3**

1.1 Tecnologia, trabalho e sociedade 3

1.1.1 Conceituando a tecnologia................................ 3

1.1.2 Tecnologia e ideologia 4

1.1.3 Técnica, tecnologia e produção........................... 6

1.1.4 Tecnologia, sociedade e história 9

1.1.5 Tecnologia e capitalismo 11

1.2 A revolução tecnológica................................. 13

1.2.1 A base microeletrônica................................... 13

1.2.2 A sociedade da informação e o trabalho................... 15

1.2.3 O potencial contraditório da tecnologia 20

1.3 A exclusão digital 23

1.3.1 As desigualdades no acesso às novas tecnologias 23

1.3.2 A radicalização da questão social 26

1.3.3 Desafios e perspectivas para a inclusão digital 29

1.4 Tecnologia e projetos profissionais..................... 29

1.4.1 Tecnologia e racionalidade instrumental 29

1.4.2 A tecnologia como mediação............................... 32

1.4.3 Tecnologia e cotidiano profissional 33

Capítulo 2 **A aplicação das Tecnologias da Informação e Comunicação (TIC) no trabalho: desafios e perspectivas 39**

2.1 As Tecnologias da Informação e Comunicação............. 39

2.1.1 A “era tecnológica” 39

2.1.2 A Internet... 41

2.1.3 Cibercultura e ciberespaço 44

2.1.4 O caráter estruturante e estratégico das TIC............. 46

2.1.5 Construindo uma definição de TIC 48

2.2 A contribuição das TIC para a cidadania **50**
2.2.1 Tecnologia e política 50
2.2.2 O potencial das TIC para o trabalho nas políticas sociais 51
2.2.3 Sistemas de informação 54
2.2.4 Uma experiência de aplicação das TIC 55

2.3 Temas e questões no processo de incorporação das TIC ao trabalho **62**
2.3.1 Entre informatização e apropriação 62
2.3.2 A resistência ao uso das TIC 64
2.3.3 Condicionantes da apropriação das TIC 66
2.3.4 A formação profissional 67
2.3.5 As condições de trabalho 70
2.3.6 Construindo a apropriação das TIC 72
2.3.7 A competência crítica no uso das TIC 73

2.4 As políticas sociais e as TIC **74**
2.4.1 Notas sobre neoliberalismo e política social 74
2.4.2 Gestão da informação 76
2.4.3 A conjugação entre as TIC e as políticas sociais 77
2.4.4 As TIC e a política educacional 79
2.4.5 No caminho de uma apropriação crítica das TIC 82

Considerações finais **89**
Filmografia **99**
Referências **111**

CAPÍTULO 1

Bases teóricas para uma apropriação crítica das Tecnologias da Informação e Comunicação (TIC)

Capítulo 1
Bases teóricas para uma apropriação crítica das Tecnologias da Informação e Comunicação (TIC)

1.1 Tecnologia, trabalho e sociedade

1.1.1 Conceituando a tecnologia

A tecnologia tem estado presente em cada vez mais espaços da vida social. Os microcomputadores constituem um dos principais sinais das atuais inovações tecnológicas, sendo absorvidos nas diversas atividades e práticas realizadas pelos sujeitos sociais. O uso cada vez mais disseminado do computador tem sido apontado como uma das principais consequências do desenvolvimento tecnológico realizado nas últimas décadas, embora, hegemonicamente, tal uso esteja direcionado à manutenção ou ao aprofundamento das contradições existentes na estrutura da organização social capitalista.

Se de um lado a tecnologia vem avançando e produzindo inovações cada vez mais notáveis, de outro, elas não estão plenamente disponíveis ao conjunto da população, que se vê, em sua maioria, cerceada do acesso aos frutos das inovações tecnológicas. Na maior parte das vezes, sua utilização encontra-se vinculada à satisfação dos interesses de grupos e segmentos dominantes, contribuindo, em grande medida, para intensificar processos relativos ao aumento da acumulação de capital. Desta forma, considera-se que o desenvolvimento acelerado da tecnologia e as suas possibilidades de uso social expressam a dimensão contraditória presente nas relações sociais capitalistas. Tal consideração supõe o entendimento de que, apesar de ser largamente utilizada para viabilizar e dinamizar interesses da classe capitalista, a tecnologia pode ser apropriada e colocada em sintonia com os interesses da classe trabalhadora.

São diversas as conceituações de tecnologia. Em uma perspectiva mais superficial, o conceito de tecnologia pode ser aplicado a tudo aquilo que, não existindo na natureza, o ser humano inventa para expandir seus poderes, superar suas limitações físicas, tornar seu trabalho mais fácil e a sua vida mais agradável. Além disso, tecnologia não é apenas instrumento, ferramenta ou equipamento tangível. Ela pode constituir-se por elementos intangíveis, como procedimentos, métodos, técnicas etc. Desta forma, ao falarmos em tecnologia, isso não significa, necessariamente, que estamos falando sobre tecnologias da informação e comunicação, embora a tendência, nos dias atuais, seja a de confundir tais termos, ou ainda, tomá-los como sinônimos.

Numa abordagem aprofundada e consistente da tecnologia, Vieira Pinto[1] afirma que sua adequada conceituação tem como ponto de partida a compreensão

[1] VIEIRA PINTO, Á. *O conceito de tecnologia*. Rio de Janeiro: Contraponto, 2005. v. 1.

do avanço tecnológico como expressão do processo de desenvolvimento das forças produtivas da sociedade, sendo a principal delas o trabalho. Destaca que, em termos gerais, a tecnologia pode ser entendida como o estado de desenvolvimento do trabalho social, explicada pelo conjunto da sociedade.

O debate realizado sobre o tema na maioria das vezes tende a deslizar para uma postura mistificadora das inovações tecnológicas, evidenciando concepções que tendem a reforçar o caráter profundamente ideológico que o termo carrega. Torna-se relevante, portanto, ressaltar o caráter social e histórico da tecnologia.

O termo "tecnologia" tem sido usado de formas variadas. Segundo Vieira Pinto,[2] apesar de não existir um conteúdo inequívoco para defini-la, pode-se distinguir pelo menos quatro significados principais:

1) tecnologia entendida como a teoria, a ciência, o estudo, a discussão da técnica;

2) tecnologia equivalendo pura e simplesmente a técnica; consiste no sentido mais frequente, mais popular do termo, onde as duas palavras mostram-se intercambiáveis no discurso habitual, coloquial e sem rigor;

3) tecnologia entendida como o conjunto das técnicas de que dispõe uma sociedade, em qualquer fase histórica de seu desenvolvimento; é a esta acepção que se costuma fazer menção quando se procura referir ou medir o grau de avanço do processo das forças produtivas de uma sociedade;

4) tecnologia como a ideologização da técnica, onde, para o autor, "pode-se dizer que a palavra tecnologia menciona a ideologia da técnica".[3]

1.1.2 Tecnologia e ideologia

Uma abordagem crítica da tecnologia precisa levar em conta a diversidade de noções e significados escondidos sob este termo, principalmente seu aspecto ideológico, tendo em vista que "as presentes condições sociais possibilitam a utilização das discussões sobre a técnica, suas relações com a ciência e o papel desempenhado na vida dos homens, para fins nitidamente ideológicos".[4] É justamente por conta disto que expressões tão repetidas nos dias atuais, tais como "explosão tecnológica" ou "era tecnológica", precisam, antes de tudo, ser objeto de rigorosa apreciação crítica.

Não é apenas a época atual que detém um caráter "tecnológico". A expressão "era tecnológica" refere-se a toda e qualquer época da história, desde que os homens se constituíram em seres capazes de elaborar projetos e de realizar os objetos ou as ações que os concretizam. A ausência de sensibilidade histórica e

[2] VIEIRA PINTO, 2005.
[3] VIEIRA PINTO, 2005, p. 220.
[4] VIEIRA PINTO, 2005, p. 228.

a influência de um essencial impressionismo têm produzido sérios obstáculos a uma abordagem adequada do processo social, deslizando para uma absolutização do presente e dele fazendo termo final do processo da realidade. Por isso, a compreensão dialética é tão importante, pois com ela é possível perceber os condicionamentos históricos que explicam o momento atual, e com isso, pode-se perceber que a "explosão tecnológica", a qual, segundo seus propagandistas, engloba a vida da humanidade, a ponto de modificá-la em todas as suas manifestações, nada mais é do que expressão do desenvolvimento do próprio processo histórico. As grandes criações tecnológicas atuais resultam do aproveitamento do conhecimento socialmente produzido pela própria humanidade, e, por conta disto, nada têm de desumano.

A noção de "era tecnológica" possui um profundo conteúdo ideológico, podendo ser usada para legitimar a forma de organização social vigente. Muitas vezes, a equiparação entre os termos "tecnologia" e "técnica", principalmente quando usadas para fins propagandísticos, tem por objetivo circundar a técnica com a aura de uma designação de ressonância científica, abrindo caminho para penetrações ideológicas e reforçando um incremento de prestígio que a palavra tecnologia proporciona. Este mecanismo denota uma postura de "endeusamento da tecnologia", que acaba por:

> Fortalecer ideologicamente os interesses dos criadores do saber atual, a fim de conservá-lo no papel de instrumento de domínio e espoliação econômica da maior parte da humanidade, levada a trabalhar para as camadas altas dos povos senhoriais sob a falsa e emoliente impressão de estar participando, na única forma em que lhe é possível, da promoção do progresso em nosso tempo.[5]

Evidencia-se um processo de ideologização e sublimação da tecnologia, efetuando-se o seu desligamento de suas bases materiais, tornando-a uma entidade suspensa no espaço, sem causa nem relações temporais. Trata-se de um estado bastante apropriado para dar-lhe a aparência de divindade transcendente, dando origem a uma "teologia da máquina".

É nesta perspectiva que a tecnologia pode assumir um "significado escatológico", que a converte numa forte modalidade de superstição salvacionista, uma salvação ofertada pela via tecnológica. No âmbito desse significado escatológico, destacam-se duas concepções: uma que supõe a autonomia da técnica; outra segundo a qual a tecnologia domina o indivíduo. A primeira concepção fundamenta o conceito de autopropulsão da técnica, a qual se engendraria a si mesma, trazendo em si sua própria lei de desenvolvimento. Isso significa que, em última análise, o homem não é o autor da técnica e nada impede a técnica de ser a autora do homem, o que denota retirar do indivíduo o atributo de produtor de sua existência e da própria técnica. A segunda concepção oculta o verdadeiro papel de homens na criação tecnológica, envolvendo-os em uma teia

[5] VIEIRA PINTO, 2005, p. 44.

de mistificação e constituindo a tecnologia como ideologia que se traduz em instrumento eficaz de dominação.

As ideias difundidas sobre as inovações tecnológicas atuais valorizam as alterações exercidas nas condições de vida, trabalho, cultura, educação, lazer, dentre outros. Tais ideias demonstram que as criações tecnológicas causam uma série de alterações nas formas de convivência social. Em muitos casos, estas alterações são acompanhadas de conteúdos ideológicos que buscam o ocultamento do processo social em que as tecnologias são criadas, levando a crer que as inovações eletrônicas e microeletrônicas nascem diretamente das ideias, sem criadores humanos, concretos, os quais vivem em um modo particular de organização social. Assim, faz-se necessário atentar para a base social na qual as inovações tecnológicas são produzidas. Toda máquina e toda criação tecnológica estão vinculadas à etapa correspondente de um processo social, onde têm origem. São as condições vigentes na sociedade, as relações entre os produtores, que ditarão as possibilidades de positivo ou negativo aproveitamento dos instrumentos e das técnicas. É preciso ter noção global do processo histórico, uma percepção que considere o caráter social da produção, sem separar produtor e produto, captando a relação dialética que os liga e os explica um pelo outro.

Embora a tecnologia tenda a desempenhar um papel libertador, o padrão de relações sociais em vigor na atual formação histórica impede que esse papel seja plenamente exercido. É neste sentido que se mostra necessária uma abordagem da tecnologia que a situe nas condições sociais de produção em que são criadas e empregadas. Uma postura contrária prejudica a análise consistente, declinando para concepções simplistas e esvaziadas, já que ao retirar de cena as relações sociais de produção, retiram também a base que justifica a criação e a utilização da tecnologia em determinado momento histórico.

1.1.3 Técnica, tecnologia e produção

Toda ação humana segue certos caminhos reconhecidos como úteis no correspondente momento histórico, os quais serão chamados de "técnicas". A escolha dos materiais e a forma a eles dada obedecem às finalidades a que os objetos se destinam. De acordo com Vieira Pinto,[6] a noção de técnica assume posição central na reflexão sobre a atividade criadora efetuada pelos seres humanos no mundo. A técnica autêntica só aparece com o surgimento da consciência. É o modo pelo qual a vida, na forma consciente, resolve racionalmente a contradição entre o animal que tem exigências de sobrevivência só capazes de serem satisfeitas por sua iniciativa e o mundo físico e social onde se acha. A produção é uma das possibilidades de resolução de tais contradições. Trata-se de con-

[6] VIEIRA PINTO, 2005.

ceito que não deve ser entendido primordialmente em função dos objetos dela resultantes, mas sim em função do sujeito capaz de executá-la. Por isso, o que a produção produz em primeiro lugar é o próprio produtor. Para entender a técnica é necessário manter-se no terreno objetivo do processo social, da produção material da existência pelo indivíduo, onde se encontram as raízes da explicação teórica legítima do comportamento técnico.

A verdadeira finalidade da produção consiste na produção das relações sociais, a construção das formas de convivência social, o que significa, também, a produção de bens para mediatizar a ligação entre os seres humanos. Surge, pois, a necessidade da produção organizada, planejada e conjuntamente obtida no ato do trabalho. A técnica e a tecnologia têm por motivo imediato a construção de uma mediação material que sirva à sua verdadeira função, a de constituir uma força impulsionadora do sistema de relações sociais.

O ponto de partida adequado para desenvolver uma análise consistente da técnica e da tecnologia reside no reconhecimento do papel que os conhecimentos tecnológicos e os objetos, especialmente ferramentas e máquinas, desempenham na produção da existência pelo próprio ser humano, sem perder de vista que é este quem produz a sua própria existência. O papel desempenhado pela técnica no processo de produção material da existência do indivíduo por ele mesmo ganha relevo. A reflexão filosófica sobre o conceito de técnica que a considere apenas como *modus faciendi*, sem atribuir importância para o sujeito executor nem evidenciar o significado dela como aspecto da base do modo social de produzir desvirtua esse conceito. A técnica acompanha o progresso histórico de conquista da natureza pelos homens, indica o grau e a extensão de sua capacidade de resolver as contradições com que se defronta, o que não significa, no entanto, que seja o fundamento ou o motor do processo produtivo, concepção que pode destruir a autêntica compreensão do processo histórico. Não é a técnica que move a história, mas a consciência dos indivíduos, que, utilizando-se da técnica, produz modificações historicamente visíveis.

Para se efetuar um adequado tratamento da tecnologia, atribui-se destaque à categoria de mediação entre o indivíduo e o meio, sem a qual não se pode captar a essência da tecnologia, tomada, neste momento, como conjunto das técnicas de que dispõe uma sociedade, tendo em vista que essa tecnologia foi criada e é usada exatamente para servir de mediação prática entre o ser humano e a natureza ou a sociedade.

A técnica é uma maneira de conceber a ação humana, estando inseparável do sujeito agente. Serve de índice de qualidade das ações humanas, definidas pelas finalidades que se destinam a realizar. Os atos humanos nunca se destacam da vinculação com a técnica e, por isso, "o homem 'atécnico' é tão impensável quanto a técnica inumana".[7] A reflexão sobre a técnica não deve desligá-la

[7] VIEIRA PINTO, 2005, p. 290.

dos alicerces do respectivo estágio de desenvolvimento das forças produtivas, tendo o indivíduo, e seu esforço intelectual em racionalizar os dados da realidade, um importante significado para o seu entendimento. A técnica é simultânea ao surgimento do homem e está presente, por definição, em todo ato humano, o que evidencia o caráter necessariamente técnico de toda ação e criação humana.

Não cabe à tecnologia representar o papel de sujeito ativo de realidade alguma, tampouco o de motor do processo social, marcado pela posição e supressão de contradições. A técnica é um aspecto desse processo, uma das modalidades pelas quais o verdadeiro sujeito, o homem, atua para resolver as contradições que enfrenta. Se toda técnica resume uma opção humana no processo da produção, o fator mais importante está no sujeito que efetua tal eleição. Esta reflexão aponta para o significado social da técnica, tendo em vista que o sujeito que a descobre e aplica não se confunde com um ente abstrato, mas integra um conjunto social que desenrola seu movimento objetivo com base na produção de bens, e onde reinam desigualdades diferenciadoras dos indivíduos em grupos com propriedades e interesses opostos.

A análise da tecnologia não começa por ela, mas sim pelo seu antecedente, o homem que a cria. Faz-se necessária uma perspectiva histórica que parta da constituição do próprio ser humano, que veja no aparecimento do primeiro utensílio ou dispositivo, ao qual se possa dar o nome de máquina, uma manifestação do processo evolutivo do ser humano. A utilidade desses dispositivos reside exatamente em poupar os homens e mulheres da realização de esforços ou em conseguir o que os movimentos do corpo desarmado não conseguiam realizar.

Conceber a tecnologia como manifestação do processo de "hominização" significa priorizar na análise o curso desse processo, que constitui as bases da possibilidade de criação da tecnologia e de construção das máquinas em geral. Este raciocínio é válido para toda a série de inovações tecnológicas, desde o mais simples utensílio, um machado de pedra ou um tronco que permitisse o primeiro ensaio de navegação, até os dispositivos eletrônicos mais sutis e complexos da atualidade. Como afirma Vieira Pinto, a "evolução dos maquinismos é na verdade a evolução do homem enquanto ser que os constrói".[8] É neste sentido que a origem da tecnologia encontra-se, particularmente, na capacidade humana de projetar. O equívoco das formulações simplistas, desprovidas da perspectiva dialética, reside exatamente no fato de compreender que as grandes descobertas científicas ou a invenção de máquinas surpreendentes revolucionaram a vida humana, quando na verdade, o que efetivamente revoluciona a existência dos homens são eles mesmos.

Os homens produzem as inovações tecnológicas em decorrência de um processo de invenção e projeção, o que demanda um acervo de informações sobre as qualidades das coisas para condicionar seus movimentos operatórios a esse

[8] VIEIRA PINTO, 2005, p. 74.

projeto de ação, o qual se converte em finalidade consciente. As diversas tecnologias que nos cercam, e das quais dependemos cada vez mais, são resultado de um longo processo de acumulação de conhecimentos. Essa invenção humana se dá a partir de necessidades sociais postas pelo próprio desenvolvimento histórico e social. É a sociedade e as relações sociais nela estabelecidas que oferecem a base sobre as quais se demandará a invenção, a projeção e a fabricação de meios para que as finalidades buscadas pelos homens sejam alcançadas.

1.1.4 Tecnologia, sociedade e história

Esta abordagem da tecnologia possibilita sua apreensão como produto histórico, engendrado nas próprias relações sociais estabelecidas pelos homens. Leva em consideração o movimento do processo na história e, a partir dele, busca explicar os processos sociais que tomam curso num dado momento. Exatamente por isso, contrapõe-se a abordagens simplistas da tecnologia, as quais, ao produzirem análises empobrecidas e superficiais, ao invés de decifrar a realidade, contribuem para reforçar o seu ocultamento, já que não detêm os recursos analíticos necessários para a apreensão adequada dos fenômenos sociais.

Como exemplo de análise reducionista e simplificadora, pode-se tomar a postura que concebe as máquinas e computadores como uma extensão da inteligência humana, considerando-as capazes de substituir o esforço mental e intelectual do ser humano. Uma análise mais consistente permite depreender que a evolução das tecnologias pode ocasionar, na verdade, um processo de libertação das energias humanas. Contrapondo-se à ideia de que com o uso de computadores e máquinas de comando poupa-se trabalho intelectual, Vieira Pinto destaca que a utilização de tais meios demanda um *maior esforço intelectual* por parte dos homens, necessário para o domínio das energias e forças libertadas pelo uso de tais máquinas. Se cada vez mais os homens se eximem do trabalho muscular, ou o tornam menos penoso, pondo as máquinas e equipamentos para realizar boa parte das tarefas, o principal proveito tirado dessa desobrigação será dispor de maior soma de conhecimentos, de ideias, e, portanto, de novas e mais numerosas vias de relação com o mundo, as quais demandarão um esforço intelectual e mental de maior magnitude por parte dos sujeitos. Como afirma o autor:

> Quanto mais poderosas as máquinas, quanto maiores as energias libertadas, maiores esforços intelectuais exigirão da parte do homem para dominar as colossais forças que começa a ser capaz de dirigir, para delas tirar os resultados desejados. Ao contrário do que muita gente diz, as máquinas não encerram seu papel ao libertarem o homem do esforço muscular, mas exatamente acarretam para ele a necessidade de mais intenso e difícil esforço intelectual para apoderar-se das possibilidades de ação útil nelas contidas e dar-lhes prosseguimento na produção de outras ainda mais eficientes.[9]

[9] VIEIRA PINTO, 2005, p. 81.

Outra questão interessante reside no entendimento comum de que as máquinas trabalham para o ser humano. Verifica-se, neste caso, a existência de um equívoco de interpretação, já que o trabalho é uma característica especificamente humana, que só pode ser realizada pelos seres humanos. É neste sentido que se pode afirmar que o trabalho sempre é realizado pelos homens, seja ele intelectual ou manual. As máquinas simplesmente não trabalham, não possuem essa capacidade. Elas são instrumentos utilizados pelo real trabalhador, embora seja recorrente o emprego vulgar do verbo "trabalhar" referindo-se às máquinas. Como observa o autor:

> Trabalhar significa uma dignidade exclusiva do homem. Só por metáfora se aplica tal verbo às máquinas, que apenas incorporam a si o trabalho efetivamente pertencente ao homem, o qual nunca deixa de ser o sujeito que não apenas trabalha com elas, conforme habitualmente se diz, mas trabalha nelas. Quando o homem põe as máquinas para funcionar, quem efetivamente está trabalhando é ele. Acontece apenas o desdobramento do seu trabalho em outras formas mais produtivas, cuja existência se deve ao trabalho inicial de pensar os engenhos e fabricá-los com os materiais adequados e o emprego das forças naturais que descobriu.[10]

É por isso que as máquinas não podem nem trabalhar nem pensar no sentido exato dos termos, tendo em vista que só possuem mecanismos mecânicos e eletrônicos imitadores da ação e do pensamento que foram criados e colocados nelas pelos homens. Nada produzem, já que não passam de um instrumento, detentor de grande complexidade e com certa aparência de autonomia, mas ainda assim um instrumento por meio do qual o homem se relaciona com o mundo, se objetiva, pondo em prática seus projetos e buscando alcançar suas finalidades.

As tecnologias e as máquinas delas derivadas incluem-se no processo histórico das sociedades que as produzem, e as consequências do seu uso, sejam elas boas ou más, não lhes devem ser imputadas, mas sim aos seus proprietários. Trata-se, portanto, de uma mediação social para atender finalidades humanas. Na condição de elemento de um processo histórico, a máquina é definida pelas funções que executa, estando não a serviço do homem em geral, mas de grupos definidos dentro de uma sociedade, que a possuem e que se aproveitam dos bens por ela produzidos.

Em vez de pensar na técnica como "esmagadora do homem", parece ser mais adequado atribuir visibilidade à estrutura social que permite e justifica a perpetração dos resultados decorrentes de determinada forma de aplicação das inovações tecnológicas. O problema não está na tecnologia em si, mas no uso social que se faz dela. Este entendimento considera a incidência de determinado padrão de organização das relações sociais que absorve as inovações tecnológicas no sentido de alcançar as finalidades e projetos hegemônicos neste tipo de sociedade. Tarefa

[10] VIEIRA PINTO, 2005, p. 81.

importante, portanto, parece ser a crítica ao uso social hegemônico que é feito da tecnologia, que visa atender interesses de segmentos dominantes.

1.1.5 Tecnologia e capitalismo

Volta-se a análise, portanto, para a estrutura da sociedade em que a tecnologia é concebida, produzida e utilizada, atentando para as características do atual padrão de relações sociais em que ocorre seu uso social. Trata-se de uma sociedade capitalista, marcada pela exploração, pela desigualdade, pela contradição, cuja principal preocupação tem sido a busca incessante pelo lucro, pela ampliação das taxas de extração de mais-valia, pela valorização do capital, em detrimento de quaisquer preocupações com as consequências sociais derivadas do caráter destrutivo de seu padrão de acumulação.

A tendência hegemônica de uso da tecnologia no âmbito do capitalismo tem sido a satisfação dos interesses da classe dominante, em detrimento das necessidades dos trabalhadores, acentuando as expressões da questão social. Isso não significa, no entanto, que a tecnologia não possa ser apropriada de outra forma. Trata-se de um grande desafio que tem se colocado na atualidade, apontando para a importância da luta pela construção de novos usos sociais da tecnologia, voltados à satisfação das necessidades sociais da população como um todo, e não apenas de uma pequena minoria. Mais do que uma questão meramente tecnológica, trata-se de uma luta política que busca colocar a serviço dos trabalhadores o produto de seu próprio trabalho.

A apropriação da tecnologia pelo capital caminha no sentido de substituir os trabalhadores por máquinas e equipamentos avançados, como forma de reduzir custos, ampliar a exploração e as taxas de extração de mais valia. A substituição de trabalhadores por máquinas e a imposição de um processo de automatização, supõe mudanças na forma como o trabalho é processado. Na atividade automatizada as habilidades e informações sobre o processo de trabalho passam a ser incorporadas às máquinas, tendo por consequência uma expulsão cada vez mais acentuada de trabalhadores do processo de produção de um determinado bem ou serviço. Por outro lado, os trabalhadores que continuam inseridos neste processo, presenciam um forte aviltamento de suas condições de trabalho e de vida, sendo reduzidos a mais uma peça utilizada pelo capital, junto com os meios de produção.

A tecnologia tem sido hegemonicamente utilizada sob o capitalismo na automatização de processos de trabalho e na redução da demanda por força de trabalho. Com isso, evidencia-se que a "lei geral da acumulação capitalista", apontada por Marx,[11] continua operando, já que se verifica, como consequência do processo de incorporação tecnológica, por um lado, uma atração cada vez menor

[11] MARX, Karl. *O Capital*. Crítica da Economia. Rio de Janeiro: Civilização Brasileira, 1971.

de trabalhadores ao processo produtivo, e por outro, uma expulsão cada vez maior de trabalhadores deste mesmo processo. O resultado disso é a ampliação do "exército de reserva", consequência direta desta forma de organização social.

O modo de produção capitalista, cuja lei absoluta é a produção de mais valia, apresenta características que, com o seu desenvolvimento, tendem a se acentuar. Dentre elas encontra-se a automação, entendida como a incorporação, cada vez maior, da ciência e da tecnologia ao processo produtivo, levando, consequentemente, a uma substituição frequente de "trabalho vivo" por "trabalho morto", que resultaria "no decréscimo da quantidade de trabalho em relação à massa dos meios de produção que põe em movimento, ou na diminuição do fator subjetivo do processo de trabalho em relação aos seus fatores objetivos".[12] Assim, o uso hegemônico da tecnologia encontra-se submetido aos interesses do capital, e os crescentes processos de informatização e automatização têm culminado na economia e na exploração do trabalho vivo.

A substituição de mão de obra por aparatos tecnológicos sofisticados é acompanhada pelo desenvolvimento das inovações tecnológicas. Com o aumento da acumulação, a tendência do capitalismo tem sido a de impulsionar a produtividade do trabalho social, por meio da redução do emprego de força viva de trabalho frente ao emprego de meios de produção mais eficientes. Com isso, o capital vem incorporando avanços técnicos e científicos ao processo de produção, buscando, como observou Iamamoto,[13] uma redução "do tempo de trabalho socialmente necessário à produção de mercadorias, ou seja, o seu valor, ampliando simultaneamente o tempo de trabalho excedente ou mais-valia".[14] Assim, como observaram Tavares e Seligman,[15] visando a aumentar o grau de exploração da força de trabalho, por intermédio do aumento do período de tempo em que o trabalhador produz gratuitamente, o capital procurou automatizar as atividades do processo produtivo, havendo um grande impulso em direção à introdução de maquinaria na indústria. Se com a invenção da máquina a vapor e com o aproveitamento da energia elétrica saltos extraordinários já haviam sido dados, é com o advento dos computadores que os limites da automação foram enormemente ampliados.

Ao abordar a questão da automação, Lojkine[16] aponta que este conceito é simétrico ao de maquinismo na revolução industrial. Na automação, a informática é um meio para assegurar o sucesso dos processos de vigilância e de conduta dos trabalhadores, já que, essencialmente, a finalidade da automação consiste na busca do controle da produção material. Diz o autor que "a automatização dos processos de produção é a consequência lógica e o prolongamento da revolução

[12] MARX, 1971, p. 723.

[13] IAMAMOTO, Marilda Vilela. A questão social no capitalismo. *Temporalis*, Brasília, ABEPSS, Grafline, n. 3, p. 9-32, 2001.

[14] IAMAMOTO, 2001, p. 14.

[15] TAVARES, Cristina; SELIGMAN, Milton. *Informática*: a batalha do século XXI. Rio de Janeiro: Paz e Terra, 1984.

[16] LOJKINE, J. *A revolução informacional*. 3. ed. São Paulo: Cortez, 2002.

industrial",[17] sendo a substituição de trabalhadores por máquinas um de seus principais objetivos.

O desenvolvimento tecnológico tem acentuado as contradições presentes no capitalismo. Lojkine aponta que no âmbito do debate sobre a tecnologia, constata-se o desdobramento de duas concepções antagônicas acerca do uso político que pode ser feito do computador e de suas redes: de um lado, uma concepção elitista e tecnocrática, que reserva a informação estratégica a um pequeno grupo de indivíduos; de outro, uma concepção autogestionária, que visualiza, nas atuais inovações, não o prolongamento de antigas tendências, mas a possibilidade de uma alteração nas condições de acesso a informação.

Próximos desta última concepção, Tavares e Seligman[18] observam que não há porque negar o desenvolvimento tecnológico e o consequente progresso dele advindo, já que o problema reside na utilização da tecnologia como sustentáculo de desigualdades, cujas consequências beneficiam apenas os interesses privados de uma pequena minoria e não permitem o aprofundamento de princípios como democracia e justiça social. Desta forma, não é o desenvolvimento tecnológico em si, mas o uso social que se faz dele, o verdadeiro problema, ou, em outras palavras, "quando observamos no computador atributos de adversário, esquecemos que o adversário é a base social que domina o computador".[19]

Para estes autores, o que deveria ocorrer é uma introdução das novas tecnologias nos diversos espaços sociais de forma cautelosa e responsável, sendo necessário avançar os controles sociais sobre os seus produtos, ou seja, construir e reforçar uma postura socializante a respeito da repartição dos frutos do trabalho e do progresso da humanidade, tentando aliar tal progresso à emancipação humana. E é exatamente aí que reside grande parte do problema, já que a tendência predominante tem sido a de que as tecnologias sejam usadas para manter e reforçar as desigualdades.

Pensar formas e modalidades de apropriação da tecnologia para novos usos e sentidos é, portanto, um desafio considerável a ser assumido por sujeitos e profissionais sintonizados com a mudança. A tecnologia detém um potencial de grande relevância, mas sua efetiva apropriação ainda está em curso.

1.2 A revolução tecnológica

1.2.1 A base microeletrônica

As mudanças que vêm se processando ao longo das últimas décadas, por conta das inovações tecnológicas, têm sido objeto de preocupação de diversos

[17] LOJKINE, 2002, p. 127.
[18] TAVARES; SELIGMAN, 1984.
[19] TAVARES; SELIGMAN, 1984, p. 48.

estudiosos, os quais, a partir de diferentes perspectivas teóricas, efetuam abordagens variadas sobre o tema. De forma geral, termos como "revolução tecnológica", "sociedade da informação", "revolução informacional" e "sociedade informática" são os mais utilizados pelos autores para denotar as mudanças operadas na atual fase do capitalismo. Mandel,[20] por exemplo, utiliza-se da expressão "terceira revolução tecnológica", qualificando-a como "uma época de fusão da ciência, tecnologia e produção, numa escala jamais vista".[21] Para o autor, um de seus efeitos é a automação, que pode ser explicada pelo desenvolvimento tanto das forças produtivas do trabalho quanto das forças alienantes e destrutivas da mercadoria e do capital.

De fato, no que se refere às mudanças ocorridas na esfera da produção, é possível observar impactos significativos impostos pela onda tecnológica de base microeletrônica que se disseminou em diversos setores da economia, configurando um novo paradigma de produção industrial, também conhecido como "acumulação flexível".[22] Este novo paradigma apoia-se na força do processo de inovações tecnológicas, com forte e crescente presença do complexo eletrônico e da automação.

A década de 1980 é apontada como o momento de emergência da chamada "terceira revolução industrial",[23] trazendo em seu bojo a ruptura com o paradigma industrial e tecnológico impulsionado a partir da "segunda revolução industrial". Trata-se de um processo marcado pela incidência de um novo padrão produtivo, tecnológico e organizacional que teve como tendências principais o desenvolvimento da informática e da tecnologia digital de base microeletrônica.

No campo da comunicação, Moraes[24] aponta que as mudanças sociais, principalmente as ocorridas na indústria global da comunicação, têm como eixo condutor os grandes capitais, "movidos pelo apetite desmesurado por lucratividade e concentrados nas mãos de um número restrito de complexos empresariais".[25] Para o autor, esses conglomerados industriais exercem grande influência no que ele chamou de "revolução multimídia", que, em ritmo acelerado, concretiza-se por intermédio de uma linguagem digital única, capaz de integrar diversos processos, redes, plataformas e sistemas. A digitalização "forja a base material para a hibridação das infraestruturas indispensáveis à transmissão de dados, sons e imagens, em proporções incalculáveis",[26] possibilitando a convergência das tecnologias digitais e da multimídia, e dando origem aos aparatos "infotelecomunicacionais". Tal convergência é fundamental para a geração de serviços em

[20] MANDEL, Ernest. *O capitalismo tardio*. São Paulo: Abril Cultural, 1982. (Os economistas).
[21] MANDEL, 1982, p. 151.
[22] HARVEY, David. *A condição pós-moderna*. 2. ed. São Paulo: Loyola, 1993. p. 140.
[23] MATTOSO, Jorge. *A desordem do trabalho*. São Paulo: Scritta, 1996.
[24] MORAES, D. (Org.). *O concreto e o virtual*: mídia, cultura e tecnologia. Rio de Janeiro: DP&A, 2001.
[25] MORAES, 2001, p. 13.
[26] MORAES, 2001, p. 13.

volume crescente para alimentar as indústrias multimídias globais, a partir de um entrelaçamento de setores que conduzem a uma ampliação de mercados.[27]

1.2.2 A sociedade da informação e o trabalho

De acordo com Bonilla[28], o termo "sociedade da informação" vem sendo utilizado para caracterizar a época atual em que vivemos, estando relacionado a mudanças ligadas às tecnologias de informação e comunicação, à economia, aos estilos de vida, dentre outras aspectos. A autora aponta que o conceito de sociedade da informação vem recebendo diferentes definições, dentre as quais destaca:

- definição tecnológica: a ênfase reside no espetacular avanço das tecnologias e das notáveis transformações nos processos de armazenamento e transmissão da informação;
- definição econômica: relacionada à mensuração do tamanho e crescimento da indústria da informação;
- definição ocupacional: baseada nas transformações que vêm ocorrendo no setor do trabalho;
- definição espacial: sustentada pelas ideias de velocidade e compressão do espaço-tempo global;
- definição cultural: referente ao crescente volume de informações que circulam diariamente pelos meios de comunicação e formam um novo ambiente informacional.

Tais definições, no entanto, ainda são imprecisas e insuficientes, tornando o conceito de sociedade da informação, como ressalta a autora, problemático. Se por um lado, o conceito atribui destaque à presença cada vez mais acentuada das tecnologias da informação e comunicação na sociedade contemporânea, por outro, não é suficiente para caracterizá-la nos seus aspectos mais fundamentais.

As mudanças sociais contemporâneas configuram um campo de debates em que tecnologias informacionais, detentoras de um pretenso poder miraculoso, são apontadas como um dos principais fatores na formação da "sociedade da informação". Como observou Mattelart,[29] trata-se de um conceito marcado por imprecisões, onde impera a vontade de legitimá-lo, apresentando-o como uma realidade inevitável. Em suas palavras, instala-se "um conceito puramente instrumental de sociedade da informação", no qual são apagadas "as implicações

[27] A título de ilustração, em 1991 existiam 330 empresas de telecomunicações no planeta, e, em 2001, esse número pulou para três mil só nos Estados Unidos, onde o mercado de informática saltou de US$ 300 bilhões em 1990 para US$ três trilhões em 2000 (MORAES, 2001, p.15).

[28] BONILLA, M. H. *Escola aprendente*: para além da sociedade da informação. Rio de Janeiro: Quartet, 2005.

[29] MATTELART, Armand. *História da sociedade da informação*. São Paulo: Loyola, 2002.

sociopolíticas de uma expressão que supostamente designa o novo destino do mundo".[30] Assim, o autor destaca a criação de um "paradigma tecnoinformacional" que se encontra no centro de um "projeto geopolítico que tem como função garantir o rearranjo geoeconômico do planeta em torno dos valores da democracia de mercado e de um mundo unipolar".[31]

Uma das principais polêmicas presentes neste debate, nem sempre explicitamente evidenciada, refere-se ao questionamento da centralidade da categoria trabalho na constituição das relações sociais. Verifica-se que a teoria do valor-trabalho passa a ser objeto de ataque de diversos autores que têm se dedicado ao tema da tecnologia. Como observa Mattelart,[32] ao discutir a história da "sociedade da informação", a idéia de desmaterialização do trabalho está fortemente presente neste debate, em que uma das questões mais polêmicas é a de que "a nova sociedade se caracteriza não mais pela *labor theory of value* e sim pela *knowledge theory of value*".[33] Constrói-se um conceito de "sociedade da informação" em que o "saber" ganha centralidade como fonte de inovação e formulação de políticas, desprezando-se, por outro lado, o caráter central que o trabalho detém na produção e reprodução das relações sociais capitalistas.

Posturas como as sinalizadas pelo autor contribuem para reforçar o processo de descentramento da categoria trabalho no debate a respeito das inovações tecnológicas. Para a crítica de tais posturas, análises como as de Antunes,[34] que demonstram a centralidade que o trabalho continua a ter para as relações sociais, são fundamentais, pois podem auxiliar o tratamento da tecnologia a partir de uma perspectiva que não perca de vista a importância do trabalho no desenvolvimento histórico e social. A sociedade continua tendo como um de seus fundamentos básicos o trabalho, e apesar da informação ter a sua relevância, ela não pode substituí-lo.

As interpretações acerca das inovações tecnológicas são as mais diversificadas, dando origem a conceitos dos mais variados, formulados a partir de perspectivas teóricas distintas. Schaff,[35] por exemplo, refere-se às mudanças sociais em curso como "revolução técnico-científica", que teve como um de seus desdobramentos a emergência do que ele chamou de "segunda revolução técnico-industrial", cuja ênfase reside na microeletrônica. O autor chama a atenção para o fato de que, dentre as consequências mais problemáticas de tal "revolução", pode-se levantar a questão do exército de pessoas estruturalmente desempregadas que perderam seus empregos em consequência da automação e da robotização da produção e dos serviços, provocando, ao mesmo tempo, um incremento

[30] MATTELART, 2002, p. 73.
[31] MATTELART, 2002, p. 139.
[32] MATTELART, 2002.
[33] MATTELART, 2002, p. 85.
[34] ANTUNES, Ricardo. *Adeus ao trabalho?* 5. ed. São Paulo: Cortez, 1998. ANTUNES, Ricardo. *Os sentidos do trabalho*. 2. ed. São Paulo: Boitempo, 2000.
[35] SCHAFF, Adam. *A sociedade informática*. São Paulo: Brasiliense, 1993.

da produtividade e da riqueza social, e uma drástica redução da demanda de trabalho humano. Sem menosprezar suas contribuições para o campo da tradição marxista, convém sinalizar que, apesar de realizar considerações relevantes para a abordagem das inovações tecnológicas e suas consequências sociais, Schaff, no âmbito da discussão que realiza acerca da "sociedade informática", parece dar sinais de que partilha da noção de descentramento da categoria trabalho, sobretudo ao sugerir a *substituição* ou *eliminação* do trabalho pelos aparatos tecnológicos. Em suas palavras:

> A segunda revolução, que estamos assistindo agora, consiste em que as capacidades intelectuais do homem são ampliadas e inclusive substituídas por autômatos, que eliminam com êxito crescente o trabalho humano na produção e nos serviços. (...) enquanto a primeira revolução conduziu a diversas facilidades e a um incremento no rendimento do trabalho humano, a segunda, por suas conseqüências, aspira à eliminação total deste.[36]

Schaff destaca ainda que tal compreensão a respeito da eliminação do trabalho não significa o "desaparecimento da *atividade* humana, que pode adquirir a forma das mais diversas ocupações".[37] Além de sugerir o descentramento da categoria trabalho na produção e reprodução da vida social, o autor deixa no ar a possibilidade de equalizar o trabalho (uma capacidade exclusivamente humana, criadora, ontológica, que supõe a capacidade teleológica, a capacidade de projetar) a outras atividades em geral, as quais ele qualificará como ocupações.

Seguindo um caminho parecido, Tauille[38] observa que, se com o desenvolvimento das máquinas-ferramenta com controle numérico, na virada dos anos 1950, foi possível dar início a uma automatização da produção em pequena escala, é com a utilização da eletrônica e, depois, da microeletrônica, que se efetiva uma mudança no caráter da automação, com uma nova base técnica aprofundando o que compreendeu como "substituição do trabalho humano por meios automatizados". O autor utiliza a noção de "revolução tecnológica", cuja versão atual encontra-se predominantemente calcada em transformações propiciadas pelo advento da microeletrônica e pelas tecnologias de informação. Em suas palavras:

> Uma 'revolução tecnológica' pode ser entendida como um conjunto de novos conhecimentos, procedimentos, instrumentos e técnicas afins que se introduzem e difundem pelas sociedades em determinadas épocas e que impregnam a transformação dessas sociedades em direção a outros estágios, qualitativamente distintos, de seu desenvolvimento econômico e sociocultural.[39]

---

36 SCHAFF, 1993, p. 22.

37 SCHAFF, 1993, p. 42.

38 TAUILLE, José Ricardo. *Para reconstruir o Brasil contemporâneo*: trabalho, tecnologia e acumulação. Rio de Janeiro: Contraponto, 2001.

39 TAUILLE, 2001, p. 38.

Tauile identifica a incidência de transformações de natureza qualitativa em decorrência das revoluções tecnológicas, fazendo emergir novas configurações socioculturais que conduzem ao aprofundamento do processo de humanização. Neste sentido, mudam os patamares de produtividade geradores de excedente econômico, sobretudo na atualidade, já que a atual "revolução da informação" produz novos meios muito mais eficazes de geração deste excedente.

De fato, as inovações tecnológicas incorporadas ao processo produtivo têm por consequência um aumento da valorização do capital, sobretudo pelo aumento da extração de mais valia relativa, tendo em vista a redução no uso da força viva de trabalho. Tal redução não significa, no entanto, uma substituição do trabalho humano pelas máquinas, as quais, como já sinalizado anteriormente, não passam de instrumento de trabalho. Além disso, a redução da demanda por força viva de trabalho não significa que o trabalho tenha deixado de ser importante para as relações sociais e para o processo de produção capitalista, tendo em vista que não há como valorizar o capital se não for por meio do trabalho vivo, sendo ele o real produtor de valor. Neste sentido, as ideias de Tauile demonstram que o tema é polêmico, sobretudo quando afirma que as transformações geradas pela tecnologia podem provocar:

> Uma crise do trabalho como categoria de análise da dinâmica econômica do capitalismo contemporâneo, exigindo inclusive reconsiderações importantes a respeito de sua natureza social e antropológica.[40]

Estas posturas analíticas podem levar a uma leitura incompleta e parcial do trabalho e de sua relevância na constituição das relações sociais, ocultando sua centralidade para tais relações. Como sustenta Antunes,[41] trata-se de um grande equívoco imaginar o "fim do trabalho" na sociedade capitalista, já que tal sociedade não pode prescindir do trabalho como forma de valorização do capital, ainda que sua necessidade seja cada vez menos por trabalho estável e cada vez mais por trabalho parcial, terceirizado e precarizado. Como afirma o autor:

> Uma coisa é ter a necessidade imperiosa de reduzir a dimensão variável do capital e a conseqüente necessidade de expandir a sua parte constante. Outra, muito diversa, é imaginar que eliminando o trabalho vivo o capital possa continuar se reproduzindo. Não seria possível produzir capital e também não se poderia integralizar o ciclo reprodutivo por meio do consumo, uma vez que é uma abstração imaginar consumo sem assalariados. A articulação entre trabalho vivo e trabalho morto é condição para que o sistema produtivo do capital se mantenha.[42]

Assim, pensar em uma sociedade centrada na tecnologia e na informação, tomados como elementos fundantes da criação do valor, consiste em sério deslize

40 TAUILLE, 2001, p. 121.
41 ANTUNES, 2000.
42 ANTUNES, 2000, p. 120.

analítico, propiciando uma interpretação que, em vez de explicar o papel da tecnologia na sociedade, fetichiza-o.

De acordo com Antunes, o conhecimento tecnocientífico:

> Interage com o trabalho, na necessidade preponderante de participar do processo de valorização do capital. Não se sobrepõe ao valor, mas é parte intrínseca de seu mecanismo. Essa interpenetração entre atividades laborativas e ciência associa e articula a potência constituinte do trabalho vivo à potência constitutiva do conhecimento tecnocientífico na produção de valores (materiais ou imateriais). O saber científico e o saber laborativo mesclam-se mais diretamente no mundo produtivo contemporâneo sem que o primeiro 'faça cair por terra' o segundo.[43]

A abordagem da tecnologia desconectada de sua base material não deve encontrar ressonância nas análises que se mostram verdadeiramente preocupadas com a apreensão da realidade social, e que buscam decifrar as formas pelas quais as relações sociais atualmente se configuram. Tirar de cena o trabalho não explica, ao contrário, obscurece, impede um real entendimento do atual momento histórico. Embora tal tecnologia (e suas expressões atuais) esteja cada vez mais presente e disseminada na sociedade, isto não significa que ela detenha centralidade na estruturação das relações sociais, ainda que nelas promova impactos inéditos.

Este entendimento é importante para que se possa debruçar criticamente sobre neologismos como "cibercultura" e "ciberespaço",[44] os quais, tomando as inovações tecnológicas como "tecnologia da inteligência" (que possibilita reorganizar a visão de mundo, os reflexos mentais de seus usuários e usuárias e promover inúmeras possibilidades de mudança social), muitas vezes sustentam-se na ideia de que as novas tecnologias detêm um caráter central no atual estágio do capitalismo. Pode-se identificar uma postura analítica das relações sociais que, além de estar marcada por um caráter abstrato e estéril, promove uma desmaterialização ou desistoricização da tecnologia. Sobre este ponto, são interessantes as observações realizadas por Mattelart:[45]

> A cada civilização, cada área histórico-geográfica constrói seu modo de apropriação e de integração das técnicas, dando origem a configurações comunicacionais múltiplas com seus diversos níveis, sejam eles econômicos, sociais, técnicos ou mentais, com suas diferentes escalas, local, nacional, regional transnacional. Será essa historicidade concreta dos modos de implantação das técnicas que o discurso milenarista sobre o ciberespaço ignorará ao virar as costas à interrogação sobre a construção social das funções e dos usos dos novos instrumentos inteligentes.[46]

[43] ANTUNES, 2000, p. 123.
[44] LÉVY, Pierre. *Cibercultura*. São Paulo: Editora 34, 1999.
[45] MATTELART, 2002.
[46] MATTELART, 2002, p. 80.

1.2.3 O potencial contraditório da tecnologia

Em meio ao debate sobre o potencial da tecnologia, uma contribuição importante é a de Lojkine,[47] que, ao buscar compreender o fenômeno tecnológico, utiliza-se do conceito de "revolução informacional", sinalizando que esta "não se reduz à revolução do instrumento de trabalho, ainda que esta seja essencial",[48] mas envolve, principalmente, "a criação, o acesso e a intervenção sobre informações estratégicas, de síntese, sejam elas de natureza econômica, política, científica ou ética".[49] Trata-se de uma "revolução" que não se refere apenas ao desenvolvimento/aperfeiçoamento dos instrumentos e das técnicas de trabalho, o que poderia ser esperado de uma postura tecnicista. Para o autor, a dimensão efetivamente inovadora das novas tecnologias reside no seu entendimento como "potencialidade contraditória", o que significa que a "revolução informacional" teria a potencialidade de auxiliar na construção de um novo modelo de sociedade; um modelo que existe potencialmente, e que, a depender do movimento histórico, poderia efetivar-se.

Ao desenvolver seus argumentos, Lojkine observa que a noção de "potencialidade contraditória" só é adequadamente entendida se o conceito de forças produtivas também o for. Por força produtiva material, pode-se entender, segundo Marx,[50] a força que os homens e mulheres põem em movimento para modificar a natureza, incorporando matérias e criando um valor de uso. De acordo com o autor, no trabalho, o ser humano:

> Defronta-se com a natureza como uma de suas forças. Põe em movimento as forças naturais de seu corpo, braços e pernas, cabeça e mãos, a fim de apropriar-se dos recursos da natureza, imprimindo-lhes forma útil à vida humana. Atuando assim sobre a natureza externa e modificando-a, ao mesmo tempo modifica sua própria natureza. Desenvolve as potencialidades nela adormecidas e submete ao seu domínio o jogo das forças naturais.[51]

O trabalho, atividade por meio da qual o ser humano se objetiva e alcança finalidades, e que supõe capacidade teleológica, demanda a mediação de um instrumento de trabalho. Como observou Marx, os indivíduos usam as propriedades presentes nos meios de produção, fazendo-as atuar sobre os objetos de trabalho. Nas palavras do autor:

> O meio de trabalho é uma coisa ou complexo de coisas que o trabalhador insere entre si mesmo e o objeto de trabalho e lhe serve para dirigir sua atividade sobre esse objeto. Ele utiliza as propriedades mecânicas, físicas, químicas das coisas, para fazê-las atuarem como forças sobre outras coisas, de acordo com o fim que tem em mira.[52]

47 LOJKINE, 2002.
48 LOJKINE, 2002, p. 15.
49 LOJKINE, 2002, p. 109.
50 MARX, 1971.
51 MARX, 1971, p. 202.
52 MARX, 1971, p. 203.

Percebe-se que a utilização do instrumento de trabalho encontra-se subordinada à finalidade que o trabalhador elaborou, ao "fim que tem em mira", denotando a sobreposição do sujeito que trabalha ao meio, o instrumento. Lojkine[53] utiliza uma definição de "potencialidade contraditória", gerada a partir de uma concepção de forças produtivas que tende a aumentar o papel do instrumento no processo de trabalho. Ao referir-se à "dinâmica própria das forças produtivas" observa o autor que este conceito: "(...) se opõe, de fato e radicalmente, a uma concepção 'imparcial' que faz das tecnologias o instrumento passivo, neutro, de uma sociedade ou de uma força social dominante".[54]

Para o autor, tecnologias idênticas podem comportar diferentes tipos de uso social, sinalizando uma dinâmica própria das tecnologias, e evidenciando uma concepção que exacerba o caráter ativo das forças produtivas, como demonstra o seguinte trecho: "há ação dos homens que concebem e fabricam os instrumentos de trabalho, mas também há em troca a ação dos instrumentos de trabalho sobre os homens".[55] Há, portanto, no entendimento do autor, uma forte interpenetração da força de trabalho humano e das forças naturais utilizadas em seu trabalho. No entanto, como observou, se tais forças dependem, de alguma forma, da vontade e da intencionalidade dos indivíduos, elas "também dispõem de uma ação própria, na medida em que o homem fá-las atuar como 'forças'".[56]

Isso não significa que, com o desenvolvimento das forças produtivas, a ação e a intenção humanas sejam anuladas. As atuais mutações sociotécnicas, decorrentes das mudanças operadas pela ação humana sobre as forças produtivas, ao serem caracterizadas como "potencialidades contraditórias", não devem ser tomadas como consequências automáticas de uma evolução linear (tecnológica ou socioeconômica), o que significa dizer que a "revolução informacional" não se reduz às potencialidades sociais da microeletrônica. Além de manifestar-se no conjunto de formas novas da informação que ela mobiliza, manifesta-se, também, como afirma o autor, na possibilidade de, dialeticamente, desencadear um tipo de ação histórica deflagrada pela própria dinâmica das forças produtivas.

Vê-se que Lojkine apresenta uma abordagem sofisticada a respeito da incidência das inovações tecnológicas, tentando reafirmar a importância que o trabalho continua a ter para a vida social. Ao analisar sua obra, no entanto, Lima[57] considera que este autor realiza indicações que podem demonstrar um deslize para a mesma tendência encontrada em outras referências, de "fetichização" da tecnologia. Ao criticar autores como Lojkine, Schaff e Castells, Lima aponta

[53] LOJKINE, 2002.
[54] LOJKINE, 2002, p. 53.
[55] LOJKINE, 2002, p. 54.
[56] LOJKINE, 2002, p. 56.
[57] LIMA, Kátia Regina de Souza. *Reforma da educação superior nos anos de contra-revolução neoliberal*: de Fernando Henrique Cardoso a Luís Inácio Lula da Silva. Rio de Janeiro: UFF, 2005 (Tese de Doutorado em Educação).

as "armadilhas do fetiche tecnológico", que desconsidera alguns fatores, dentre os quais destaca:

a) a mercantilização da vida social é um elemento constitutivo do sistema capitalista, significando que a informação também se transforma em mercadoria;

b) o aumento do uso das informações não significa a constituição de uma sociedade pós-industrial;

c) a substituição de formas violentas de exploração do trabalho por inovações tecnológicas não significa que a exploração tenha sido extinta;

d) as inovações tecnológicas não têm implicado a redução da jornada de trabalho e o aumento do tempo livre do trabalhador.

Apesar da crítica apresentada por Lima, considera-se que Lojkine possui seu mérito, na medida em que sua contribuição constitui-se como uma das poucas tentativas de afirmar, no debate sobre as consequências sociais das inovações tecnológicas, a discussão do valor no campo da tradição marxista, e reafirmar a centralidade do trabalho na sociedade capitalista. O autor busca a realização de uma abordagem crítica do papel desempenhado pelas inovações tecnológicas na sua articulação com as formas adotadas pelo capital para enfrentar a sua crise contemporânea. Sua contribuição, apesar dos problemas apontados, é uma das poucas que tenta combater a ofensiva "pós-moderna", que toma as alterações provocadas pelas inovações tecnológicas como universais, estendendo-as para o conjunto das relações sociais de produção e dando origem a abordagens que reforçam os interesses do capital. Muitas destas abordagens negam a materialidade e a centralidade do trabalho na produção e reprodução das relações sociais capitalistas, contribuindo para tirar de cena a classe trabalhadora, sujeito que vem historicamente se opondo a esta forma de organização da sociedade.

A despeito da polêmica envolvendo a noção de "potencialidade contraditória" apresentada pelo autor, isto não significa que o caráter contraditório da própria sociedade capitalista não deva ser evocado para analisar o potencial da tecnologia para o processo social. Assim, entende-se que a tecnologia é marcada pela contradição, evidenciada não pelo desenvolvimento do recurso tecnológico em si, mas pelo próprio padrão de relações sociais capitalistas, que é contraditório. A "potencialidade contraditória" da tecnologia não está na "revolução da informação", está no próprio caráter contraditório das relações sociais que presidem a sociedade capitalista. Por isso, a reflexão sobre o potencial contraditório desta tecnologia deve dar-se no quadro das próprias relações sociais capitalistas, cuja essência detém uma articulação contraditória e indissolúvel com as formas sociais por meio das quais se expressam. É neste contexto que reside a base tanto para a análise do papel das inovações tecnológicas na atualidade quanto para a formulação de modos alternativos de apropriação crítica de tais inovações.

1.3 A exclusão digital

1.3.1 As desigualdades no acesso às novas tecnologias

Não é preciso muito esforço para perceber que as relações sociais na fase atual em que nossa sociedade se encontra vêm sendo marcadas por uma série de fenômenos e processos cujas expressões mais recentes adquirem um caráter cada vez mais inquietante. No atual contexto, um dos temas que merecem destaque, tendo em vista seu aspecto indicador da reprodução e acirramento das desigualdades sociais, simultaneamente ao desenvolvimento cada vez mais acelerado das novas tecnologias da informação e comunicação, refere-se a um fenômeno conhecido como "exclusão digital", considerado, genericamente, como consequência da ausência ou dos obstáculos presentes no acesso às novas tecnologias disponíveis, sobretudo, mas não exclusivamente, a Internet. Cabe, portanto, levantar algumas considerações que permitam uma reflexão crítica sobre o fenômeno da "exclusão digital" e os sentidos possíveis que este conceito pode assumir, com a preocupação de não sucumbir a posturas mistificadoras das atuais inovações tecnológicas e de seus impactos para as relações sociais.

Alguns dados disponíveis permitem verificar a existência de uma distribuição marcadamente desigual dos recursos tecnológicos, cuja tendência geral consiste na reprodução dos principais traços de nossa organização social. Carneiro,[58] ao questionar a quem se dirige e a quem está disponível todo o avanço tecnológico produzido nos últimos tempos, destaca que, se por um lado, há um aumento da quantidade de usuários da Internet (que passou de 150 milhões para 700 milhões em um ano), por outro, 91% desses usuários equivalem a apenas 19% da população mundial e estão concentrados, em sua maioria, nos países que fazem parte da Organização para a Cooperação e Desenvolvimento Econômico (OCDE). Para Silveira,[59] os dados referentes às condições necessárias ao acesso à Internet ilustram uma organização social ainda marcada por extremos. Como apontou o autor, os países que integram a OCDE, mesmo com apenas 15% da população da Terra, concentram 71% de todas as linhas telefônicas existentes no mundo. Em 1998, os países altamente industrializados concentravam mais de 88% dos usuários da Internet mundial, enquanto representavam apenas 15% da população global. Em 2001, 41% de todo o acesso mundial concentrava-se nos Estados Unidos e no Canadá. A Ásia, região mais populosa do planeta, detinha apenas 20% dos acessos, enquanto a América Latina, apenas 4%.

Mattelart[60] também apresenta observações relevantes sobre o acesso às TIC, como se constata no trecho a seguir.

[58] CARNEIRO, Raquel. *Informática na educação*: representações sociais do cotidiano. São Paulo: Cortez, 2002. p. 37.

[59] SILVEIRA, Sergio Amadeu da. *Exclusão digital*: a miséria na era da informação. São Paulo: Fundação Perseu Abramo, 2001.

[60] MATTELART, 2002.

> Em seu relatório, o Programa das Nações Unidas para o Desenvolvimento confirmava, em 1999, a marginalização informacional crescente de uma maioria de países, e no interior de cada país, e isso nos quatro pontos cardeais, a existência da linha divisória entre os inforicos e os infopobres, a fratura digital ou *digital divide* (PNUD, 1999). 'O internauta típico', podia-se ler, 'é homem, com menos de 35 anos, nível superior, classe alta, habitante urbano, falante de inglês'. De 13 mil aldeias da área rural do Senegal, só 300 dispõem de linhas telefônicas, e o analfabetismo ainda atinge 65% da população. (...) De modo mais simples, pode-se acrescentar o fato de que no momento em que cintilam as promessas de infovias, uma multidão de países ou regiões do planeta não têm sequer uma rede rodoviária nacional digna desse nome e de que mais de 600 mil cidades não têm eletricidade! Com 19% da população mundial, os países da OCDE tinham 91% dos usuários da Internet. Mais da metade deles estavam nos Estados Unidos, que representam apenas 5% da população do planeta.[61]

Tratando da situação brasileira, Silveira[62] observa que a cidade de São Paulo possuía 26,5 telefones fixos por 100 habitantes, representando 41% de todo o tráfego telefônico do País. Já o censo de 2000 mostra a existência de apenas 10 a 20 usuários de informática por 100 mil habitantes, um número que, de acordo com o autor, é considerado bem abaixo dos atuais padrões mundiais. Em relação ao acesso à Internet, a região sudeste concentra 58% dos provedores de acesso brasileiros, sendo que somente a capital paulista detém 12% dos provedores, seguida pelo Rio de Janeiro, com 8%. Afonso[63] ilustra bem a situação brasileira:

> Dos mais de cinco mil municípios brasileiros, menos de 300 (ou menos de 6%) contam com infraestrutura mínima necessária para que possam ser instalados serviços locais de acesso à Internet. Os cerca de cinco milhões de usuários da Internet no Brasil são menos de 3% da população. O Brasil é de longe o pior colocado em números *per capita* de usuários, computadores pessoais, linhas telefônicas e servidores Internet (*hosts*) entre as nove maiores economias do mundo. Os circuitos que conectam os provedores de serviços à Internet estão entre os mais caros do mundo, inviabilizando o pequeno provedor de serviços em áreas menos ricas.[64]

Questão relevante, destacada por Carneiro,[65] refere-se ao preço dos computadores, que ainda é elevado, se comparado com a média de salário de diversos países. Os custos de manutenção dos microcomputadores são tão altos que chegam a ser sugeridos como explicação para o fenômeno conhecido como "paradoxo da produtividade", que, de acordo com Wainer,[66] pode ser caracterizado como "uma aparente inabilidade de investimentos em informática se traduzirem

61 MATTELART, 2002, p. 159.
62 SILVEIRA, 2001.
63 AFONSO, Carlos. A Internet no Brasil: o acesso para todos é possível? *Policy Paper*, São Paulo, Friedrich Ebert Stifung, n. 26, set. 2000.
64 AFONSO, 2000, p. 19.
65 CARNEIRO, 2002.
66 WAINER, Jacques. O paradoxo da produtividade. In: RUBEN, G. et al. (Orgs.). *Informática, organizações e sociedade no Brasil*. São Paulo: Cortez, 2003.

em aumento de produtividade", no setor terciário.[67] Ao tratar da relação entre aumento de produtividade e uso das TIC, observa o autor que não há evidência de que a informática tenha trazido qualquer aumento de produtividade no setor terciário nas últimas décadas. Ao contrário, a evidência empírica, segundo o autor, demonstra baixos benefícios da informática no aumento da produtividade, que, como sugere, poderiam ser explicados pelos custos reais e necessários para manter os computadores funcionando.

Dados mais recentes têm demonstrado certo crescimento no acesso às TIC. A Pesquisa Nacional por Amostra de Domicílios do Instituto Brasileiro de Geografia e Estatística (PNAD/IBGE) de 2002, por exemplo, mostrou que o número de residências com microcomputador cresceu 15,1%, de 2001 para 2002, e o de domicílios com computador ligado à Internet teve um crescimento de 23,5%. Pesquisa do IBGE realizada em 2009 aponta que o número de brasileiros que acessam a internet aumentou 75,3% entre 2005 e 2008, sinalizando um grande avanço no que se refere à quantidade de usuários conectados. Tal crescimento, no entanto, ainda é fortemente impactado pelas fortes desigualdades sociais de nosso país. A Internet, segundo o IBGE, continua inacessível para 104,7 milhões de brasileiros, e o "apagão digital" está fortemente ligado aos níveis de educação e distribuição de renda.

Em termos gerais, concorda-se com Moraes,[68] para quem, no Brasil, a tradição da concentração das riquezas se repete nas tecnologias digitais, havendo, ainda, muito a fazer para aumentar suas conexões e seus usos sociais. Para o autor, a maior parte das pessoas que se conectam à Internet pertence às classes A e B, e se aglomera nas regiões Sudeste e Sul do País. Apesar de o Brasil estar entre os 15 países com maior parque de computadores instalados, mantém cerca de 90% das cidades fora da Rede. Dispor da maior infraestrutura de telecomunicações da América Latina não fez que o País deixasse de situar-se em penúltimo lugar, em número de usuários individuais, computadores pessoais, linhas telefônicas e servidores da Internet, entre as dez maiores economias do mundo.[69] Há, portanto, como sinalizou Malini,[70] um elemento profundamente contraditório neste quadro, que se refere à necessidade de socializar conhecimentos formais e tecnológicos a amplas camadas populacionais que ainda se encontram completamente marginais ao circuito informacional das tecnologias de comunicação, tais como a imprensa, o livro, a Internet, softwares etc. Como resumiu Gleiser:[71]

[67] WAINER, 2003, p. 14.

[68] MORAES, 2001.

[69] Em 2008, 56,4 milhões de brasileiros com 10 anos ou mais acessavam a internet (34,8% do total). O *Internet World Stats* coloca o Brasil atrás de países da América do Sul como Argentina (48,9%), Chile (50,4%), Uruguai (38,3%) e Colômbia (45,3%). Na Europa, o nível de acesso atinge 52%, na Oceania 60,4% e na América do Norte 74,2% da população. (Dados disponíveis em: <http://www.observatoriodaimprensa.com.br/artigos.asp?cod=568eno003>. MORAES, 2001, p. 141).

[70] MALINI, Fábio. A informação com arma política: do confinamento ao descontrole. In: COCCO, Giuseppe et al. (Orgs.). *Capitalismo cognitivo*: trabalho, redes e inovação. Rio de Janeiro: DP&A, 2003.

[71] GLEISER, Marcelo. Turbilhão digital. *Folha de S. Paulo*, Caderno Mais, p. 23, 11 ago. 2002.

> O alto custo e a constante renovação das tecnologias promove a existência de uma 'subclasse tecnológica', os deixados às margens do turbilhão digital. E (...) esses novos marginalizados digitais sofrem uma grande desvantagem no mercado de trabalho. Essa estratificação social é ainda maior em países onde a distribuição da renda é muito polarizada, como é o caso brasileiro.[72]

Esta realidade demonstra os grandes obstáculos que se colocam às possibilidades de incorporação e apropriação das tecnologias por uma grande parcela da população. Trata-se de um fenômeno que pode ser entendido como uma das expressões da radicalização da questão social, e se refere aos limites e desafios postos ao acesso destes segmentos da população à riqueza socialmente produzida, na qual se encontram, também, os recursos tecnológicos. É a compreensão de tal aspecto que permite superar a ideia simplista de que o problema principal, no que se refere às possibilidades de acesso às TIC, encontra-se na chamada "exclusão digital" (apenas uma expressão), quando na realidade a base desta questão encontra-se no padrão especificamente capitalista de geração de desigualdades sociais, cuja raiz comum reside no fato de que a produção social é cada vez mais coletiva, enquanto a apropriação dos seus frutos mantém-se privada.

Diversos autores que tratam o tema da "exclusão digital" acabam por ofuscar esse aspecto fundamental das relações sociais capitalistas, limitando suas considerações à criação de condições como existência de treinamento, vontade, ou ainda, um uso mais ou menos adequado do recurso tecnológico. É o caso, por exemplo, de Pinkett[73] que, ao trabalhar com a noção de "*digital divide*", aponta que tal "divisão" entre os que possuem e os que não possuem acesso às TIC só pode ser superada com a existência de elementos como acesso ao computador e à Internet, treinamento e suporte individual e/ou coletivo, conteúdo e informação, e motivação para superar obstáculos. Trata-se de uma postura que ignora a existência de uma "divisão" fundamental na sociedade, que antecede a "divisão digital": a divisão entre os que efetivamente se apropriam e os que não se apropriam dos frutos da produção social. A preocupação com o acesso aos recursos das TIC, embora possa ser considerada condição necessária para resolução da chamada "divisão digital", não é, de modo algum, suficiente para a superação deste problema, tendo em vista que o aspecto fundamental reside no padrão vigente de produção e distribuição da riqueza socialmente produzida.

1.3.2 A radicalização da questão social

Embora a tendência predominante seja tratar a "exclusão digital" como um fenômeno novo, muitas vezes descolado dos principais aspectos que caracterizam o processo social capitalista, considera-se que uma apreensão consistente

---

[72] GLEISER, 2002, p. 23.

[73] PINKETT, Randal D. *Redefining the digital divide*. Disponível em: <http://tcla.gseis.ucla.edu/divide/politics/pinkett.html>. Acesso em: 19 ago. 2006.

de seu movimento real consista em tomá-la como uma das mediações da questão social. Em tal perspectiva, a "exclusão digital" nada mais é do que expressão de um processo já conhecido de apropriação privada da riqueza produzida socialmente pelo trabalho coletivo. Apesar de estas tecnologias serem produto do trabalho realizado pelo coletivo de trabalhadores, estes delas não se apropriam. Desta forma, o que é amplamente divulgado como um tipo inédito de desigualdade social, e muitas vezes qualificado como parte de uma "nova" questão social, nada mais é do que produto do próprio desenvolvimento da acumulação capitalista, que, aprofundando as características da sua *lei geral*, produz e reproduz novas mediações nas quais se expressa a questão social.

Castells,[74] ao tratar das inovações tecnológicas atuais, afirma que sob as condições sociais prevalecentes,

> o novo sistema tecnoeconômico parece causar desenvolvimento desigual, aumentando simultaneamente a riqueza e a pobreza, a produtividade e a exclusão social, acarretando um processo global de desenvolvimento desigual que pode ser a expressão mais dramática da divisão digital.[75]

O autor tende a atribuir um enorme peso à "divisão digital", conferindo-lhe a condição de matriz das desigualdades sociais. Com esta postura, parece transformar consequência em causa, e vice-versa, tendo em vista que a desigualdade não é produzida pela "divisão digital". Ela lhe é anterior. A desigualdade previamente existente, marcante e determinante na produção das relações sociais é a propriedade privada dos meios de produção, a verdadeira condição que torna possível o aumento simultâneo da pobreza e da riqueza, ocasionando o desenvolvimento desigual que tem como uma de suas expressões o que contemporaneamente é chamado de "exclusão digital" ou, nos termos do autor, "divisão digital". O fenômeno que dá origem à pobreza e à desigualdade social continua sendo a contradição básica que preside o capitalismo: o caráter coletivo da produção e a apropriação privada dos frutos do trabalho e das condições necessárias à sua realização.

Faltou a Castells mostrar que a sorte da classe trabalhadora (inclusive na dimensão digital) é fortemente influenciada por fatores inerentes à dinâmica capitalista, sobretudo aqueles que correspondem ao aumento do capital, pela alteração de sua composição orgânica e técnica. Não é possível, portanto, referir-se ao momento atual como um "novo" sistema tecnoeconômico, como faz o autor, já que o que ocorre é o próprio aprofundamento do sistema capitalista, que, no processo de desenvolvimento das forças produtivas, passa por fases e estágios diferenciados. Assim, em vez de tratar-se de um "novo" sistema, o que parece existir, na verdade, ainda é o mesmo sistema de sempre, dotado, por conta das

[74] CASTELLS, Manuel. *A galáxia da Internet*: reflexões sobre a Internet, os negócios e a sociedade. Rio de Janeiro: Zahar, 2003.
[75] CASTELLS, 2003, p. 217.

inovações tecnológicas, de novas mediações e expressões sociais. Neste sentido, o fenômeno da "exclusão digital" pode ser entendido como uma expressão da radicalização da questão social gerada no interior de uma sociedade em que o desenvolvimento tecnológico, tal como o desenvolvimento em geral, não é acessível, ainda, a uma parte significativa da população.

Em geral, a "exclusão digital" é tomada como um fenômeno totalmente "novo" e "inédito" em nossa sociedade, possível apenas pelo surgimento e disseminação dos computadores e da tecnologia digital. Essa é a postura de Silveira, por exemplo, que vai tratar a "exclusão digital" como a nova face da "exclusão social", que vai gerar "novos excluídos",[76] como se os sujeitos aos quais se refere o autor já não sofressem, há um bom tempo, as consequências das desigualdades geradas pelo padrão particular da organização social capitalista. É evidente que os limites, dificuldades e obstáculos presentes no acesso à TI constituem uma questão preocupante que merece muita atenção, tanto como objeto de pesquisa quanto de intervenção. O problema não reside em reconhecer a sua relevância, mas sim em atribuir-lhe a condição de questão fundante e estruturante das relações sociais, o que acaba por obscurecer sua condição de expressão das desigualdades sociais e ocultar a real matriz de tais desigualdades.

Ao pôr em evidência a "divisão" existente entre indivíduos, regiões e sociedades que dispõem das condições materiais e culturais necessárias para operar no mundo digital, e os que não dispõem, ou a elas não conseguem se adaptar, Castells sustenta que a diferenciação de uso entre os que possuem e os que não possuem acesso à Internet "acrescenta uma divisão essencial às fontes já existentes de desigualdades e exclusão social".[77] Ao caracterizar a "divisão digital" como "essencial", o autor apresenta uma concepção polêmica, principalmente por atribuir-lhe um traço determinante na produção de desigualdades sociais, destituindo esse fenômeno de seu caráter complementar na geração de tais desigualdades. Trata-se de uma preocupação que se adiciona à crítica já realizada por Mattelart,[78] que observa que Castells, tratando do fim da contradição entre o trabalho e o capital, defende a tese de que:

> Somente permanecem na competição os trabalhadores em rede erigidos como classe dirigente, porque portadores do 'espírito do informacionalismo'. Esvazia-se assim o cibermundo de seus agentes sociais e só se vê o processo de trabalho mediante a relação técnica. Ora, quer se queira isso ou não, o modo de desenvolvimento informacional continua a 'ser elaborado por, e colocado a serviço de, um conjunto de relações de propriedade com fins de acumulação, e não o inverso'.[79]

[76] SILVEIRA, 2001, p. 17.
[77] CASTELLS, 2003, p. 203.
[78] MATTELART, 2002.
[79] MATTELART, 2002, p. 154.

1.3.3 Desafios e perspectivas para a inclusão digital

As mudanças processadas ao longo das últimas décadas, por conta das inovações tecnológicas, têm sido objeto de preocupação de diversos estudiosos, os quais, a partir de diferentes perspectivas teóricas, efetuam abordagens variadas sobre o tema. Termos como "exclusão digital" e "sociedade da informação" ilustram uma diversidade analítica correspondente à complexidade que envolve o tema.

No Brasil, a "sociedade da informação" e a "inclusão digital" já têm uma trajetória, apesar dos muitos obstáculos que ainda persistem. Políticas voltadas à incorporação das inovações tecnológicas e de seu potencial já são identificadas no cenário nacional. Os avanços conquistados, no entanto, demonstram que os desafios ainda são muitos, e sua superação demanda uma atuação no conjunto das políticas sociais, e não apenas no âmbito digital. Como se buscou apontar, a "exclusão digital" é parte integrante das expressões da desigualdade social gerada no capitalismo tardio, e uma abordagem, tanto teórica quanto política, que a isole do conjunto das relações sociais terá resultados modestos. Se por um lado, é correto dizer que o acesso à Internet e às novas tecnologias tem aumentado ao longo dos anos, como atestam vários dados, por outro, também o é, uma vez que os desafios e perspectivas nesta área ainda são muitos.

1.4 Tecnologia e projetos profissionais

1.4.1 Tecnologia e racionalidade instrumental

As TIC fazem parte de um corpo de instrumentos criados para a satisfação de necessidades humanas, sendo desenvolvidas no interior da sociedade capitalista, onde se observa um forte desenvolvimento das forças produtivas, sem que isso signifique, no entanto, o pleno desenvolvimento das potencialidades de autonomia dos homens. O capitalismo é marcado pela contradição, que se expressa, por exemplo, no fato de que o desenvolvimento das forças produtivas proporciona o aprofundamento de formas de dominação e exploração cada vez mais acentuadas, o que possibilita, por sua vez, a potencialização da extração da mais-valia no processo produtivo.

Para que as bases da sociedade capitalista sejam mantidas, foram criados diversos mecanismos de regulação social, dentre os quais Guerra[80] atribuirá destaque à "racionalidade instrumental", de caráter subjetivista e formalista, que se opõe a uma razão substantiva, emancipatória, sintonizada com fins universalistas e valores sociocêntricos, preocupada com as finalidades e com as implicações acerca das escolhas dos meios para alcançá-las. A razão instrumental encontra-se subordinada ao alcance de fins particulares e de resultados imediatos,

[80] GUERRA, Yolanda. Instrumentalidade do processo de trabalho do Serviço Social. *Serviço Social e sociedade*, São Paulo, Cortez, n. 62, p. 5-34, 2000.

o que a torna funcional às estruturas da sociedade capitalista, sendo marcada pela abstração da possibilidade de reflexão crítica e pela redução das formas de objetivação humana a meras técnicas.

Esta postura faz que a competência profissional seja reduzida ao domínio do instrumental técnico. O mesmo ocorre com o saber, que passa a ser revestido de instrumentalidade, convertendo-se em técnica, num sistema de referências metodológicas que tem por objetivo a manipulação técnica, enfim, um saber tecnicamente aproveitável. Ao problematizar a instrumentalidade, Guerra[81] aponta a existência de dois níveis de abordagem em que se percebe a prevalência da razão instrumental. Esses níveis são apresentados da seguinte forma:

> **1)** no que diz respeito à sua funcionalidade ao projeto reformista da burguesia (reformar conservando);
>
> **2)** no que se refere à sua peculiaridade operatória, ao aspecto instrumental-operativo das respostas profissionais (ou nível de competência requerido) frente às demandas das classes, donde advém a legitimidade da profissão.[82]

São níveis de abordagem que se preocupam com o atendimento às requisições instrumentais feitas às diversas profissões. Embora esta dimensão seja uma condição necessária ao trabalho, ela não é suficiente para o adequado desempenho das competências e atribuições, não permitindo aos profissionais o acesso às possibilidades de escolha que permitam ampliar seus espaços de atuação. Enquanto no primeiro nível a instrumentalidade remete à sua condição de instrumento de controle e de manutenção da produção material e reprodução ideológica da força de trabalho, no segundo nível, refere-se às respostas operativo-instrumentais, de caráter manipulatório, voltadas à transformação das condições imediatamente dadas. Trata-se de ação que não permite aos sujeitos alçarem do atendimento das finalidades particulares para as finalidades da sociedade, posto que, preocupados com a imediaticidade dos fatos, não superam o estrito nível do particular e não fazem escolhas que sejam capazes de elevar seus interesses e finalidades particulares para o nível da genericidade, abarcando valores humano-genéricos.

A preocupação maior consiste na satisfação de critérios de eficácia e eficiência criados a partir de padrões da racionalidade burguesa, os quais, por sua vez, não demandam a apreensão de todos os nexos do processo, descartando as mediações que constituem e vinculam os fenômenos. O importante é a vinculação direta entre ação e pensamento, configurando escolhas profissionais condicionadas por critérios de utilidade prática imediata, de eficácia no nível do imediato. A autora lembra ainda que esta postura de priorização das ações instrumentais tem por base de sustentação as condições objetivas e subjetivas nas quais o exercício profissional se realiza, e pode ser entendida como prejudicial ao trabalho, na

[81] GUERRA, 2000.
[82] GUERRA, 2000, p. 23.

medida em que, ao restringir-se à dimensão instrumental, não consegue alcançar um nível capaz de diferenciar-se de atividades e práticas tradicionais.

O predomínio da razão instrumental pode encontrar suporte em posturas que reduzem as profissões a técnicas ou tecnologias sociais/educacionais, o que acaba por levar ao fortalecimento de tendências como o metodologismo e o instrumentalismo, que colocam secundariamente os valores, os fins ético-políticos e a legitimidade social das profissões em relação aos procedimentos técnico-instrumentais. Tais tendências podem caracterizar o "instrumental técnico" como "referencial estratégico" para a ação, tomando-o, muitas vezes, de forma limitada e reducionista, como explica Guerra:[83]

> De um lado, tem-se concebido o referencial estratégico como um conjunto de instrumentos e técnicas que são neutros, abstratos, vazios de conteúdos, amorfos, os quais os homens deverão direcionar para o alcance de suas finalidades (...). De outro, consideram-se os instrumentos como algo em si, com valor e possibilidades próprias, dados pelas suas propriedades imanentes que direcionam o agir dos homens. Nesse caso, o problemático é que consideram-se apenas as propriedades naturais dos instrumentos, sem pensá-los como produto dos homens na satisfação de suas necessidades. Os instrumentos aqui aparecem como vocacionados para atender esta e não outra necessidade. Não se considera que estes são produtos da ação humana direcionada ao alcance de finalidades.[84]

Trata-se de posturas que contribuem para uma "deificação" do instrumental técnico, seja porque "a razão e a vontade dos sujeitos subsumem as propriedades imanentes dos objetos (meios e instrumentos), a sua objetividade, negando o seu *em si*"; seja porque as "propriedades constitutivas dos meios e instrumentos adquirem um nível de objetividade tal que incluem a razão e a vontade dos sujeitos".[85] Como forma de escapar dos limites presentes em tais abordagens, a autora propõe um terceiro nível de análise da instrumentalidade, tratando-a:

> Como uma mediação que permite a passagem das análises macroscópicas, genéricas e de caráter universalista às singularidades da intervenção profissional, em contextos conjunturas e espaços historicamente determinados. Aqui, a instrumentalidade (...) permite pensar nos indicativos teórico-práticos de intervenção imediata (entendidos como os instrumentos teóricos, políticos e técnicos), bem como vinculá-los aos objetivos, finalidades e valores profissionais e humano-genéricos. Em outros termos, permite acionar, potencializar os diversos elementos que compõem a cultura profissional.[86]

É uma postura em que a instrumentalidade é vista como mediação que possibilita recuperar a ruptura entre meios e finalidades, superando a razão instrumental e a prioridade conferida às ações exclusivamente instrumentais. Tomar

[83] GUERRA, 2000.
[84] GUERRA, 2000, p. 27.
[85] GUERRA, 2000, p. 27-28.
[86] GUERRA, 2000, p. 23.

a instrumentalidade como mediação, significa, portanto, pensar nos valores subjacentes às ações, no nível e na direção das respostas oferecidas às demandas apresentadas, extrapolando a preocupação limitada ao bom uso de técnicas e instrumentos. Coloca-se, assim, um desafio no sentido de não sucumbir à razão instrumental, ou seja, não limitar a atuação profissional à mera utilização de técnicas e instrumentos de trabalho, perdendo de vista as finalidades que se pretende alcançar. Faz-se necessária uma concepção de instrumentalidade que aponte para a importância dos instrumentos de trabalho não a partir deles mesmos ou da vontade exclusiva do profissional que os utiliza, mas a partir do estabelecimento das finalidades a serem alcançadas e da definição dos melhores meios a serem empregados.

A concepção apresentada por Guerra aponta para essa preocupação, situando a instrumentalidade entre o momento de formulação de projetos e a ação propriamente dita, destacando que são as finalidades socialmente construídas que determinam o modo de atuar e a escolha das alternativas, orientando a busca, a seleção e a construção dos meios adequados à ação. Tendo em vista o alcance de finalidades, os indivíduos buscam transformar os objetos em instrumentos adequados à sua satisfação. Assim, tratar da instrumentalidade significa pensar as propriedades e as capacidades sócio-históricas que vão sendo adquiridas pelos profissionais no confronto entre as condições objetivas e as posições teleológicas, tanto dos agentes profissionais quanto dos agentes sociais que demandam o exercício profissional. Tais condições se diversificam tendo em vista fatores como espaço sócio-ocupacional, nível de qualificação dos profissionais, projetos profissional e societário hegemônicos, correlação das forças sociais, dentre outros.

1.4.2 A tecnologia como mediação

Recusa-se, portanto, a postura de tomar as TIC a partir de uma perspectiva que priorize a racionalidade instrumental, o que nos leva a descartar o sentido hegemônico em que tais tecnologias são pensadas, ou seja, marcado pelo primado da dimensão técnica. A intenção aqui é pensá-las como *mediação*, como integrantes de um conjunto de instrumentos teórico-metodológicos, ético-políticos e técnico-instrumentais socialmente construídos que possibilitem aos sujeitos profissionais alcançar as finalidades presentes em seus projetos profissionais. Trata-se de um recurso que possui um *potencial estratégico* para o trabalho. Sua importância reside na possibilidade de potencializar, de imprimir uma mudança qualitativa ao trabalho profissional, a partir de seu uso como recurso capaz de propiciar a ampliação das capacidades e habilidades profissionais. Trata-se, portanto, de um potencial estratégico que deve ser direcionado não para os interesses dos segmentos dominantes da sociedade, mas para a consecução de projetos profissionais que conferem prioridade à satisfação dos interesses de usuários das políticas sociais e de segmentos populares.

Evita-se a influência da racionalidade instrumental que, além de reduzir as TIC a meras técnicas ou instrumentos descolados das finalidades que se pretende alcançar, pode, ainda, orientar a sua utilização para uma substituição dos profissionais, numa perspectiva de substituição tecnológica, inscrita nos processos de flexibilização e precarização do trabalho. Sabe-se que a automação e as novas tecnologias, produto do trabalho coletivo realizado na sociedade, na maior parte das vezes são usadas para desqualificar o trabalhador, retirando dele o seu saber e transferindo-o para a máquina. Isso contribui para tornar o trabalho cada vez mais dominado pelo instrumento, ou seja, cada vez mais, ao invés do trabalho consumir os meios de produção, o que ocorre é o inverso, os meios de produção é que consomem o trabalho.

Vislumbra-se, nesse contexto, uma forma concreta de utilização da tecnologia funcional aos objetivos dos setores dominantes, e, consequentemente, como dispositivo gerador de drásticas consequências sociais. Não é nesta abordagem que se pretende sustentar a importância do uso das TIC. Tomá-las como mediação significa tomá-las como meio a ser utilizado para alcançar finalidades específicas, como forma de se implementar determinados projetos, os quais, por sua vez, consistem em atos conscientes de intervenção no mundo. O uso das TIC, assim, encontra-se condicionado a ideias e valores vinculados a finalidades projetadas, a projetos que expressam o relacionamento da ação a uma finalidade, em vista da qual são preparados e dispostos os meios necessários e adequados, e são escolhidos os objetos e os procedimentos de ação.

Mais do que enfocar exclusivamente os efeitos derivados do uso social das TIC, há que se levar em consideração, sobretudo, a existência e a centralidade dos projetos (societários e profissionais) aos quais se submeterão determinados instrumentos, meios e recursos. É aqui que se encontra o real sentido das TIC e a chave para entender a sua importância, ou ainda, o seu *potencial estratégico*.

1.4.3 Tecnologia e cotidiano profissional

Sustentar a relevância das TIC para o exercício profissional, e, consequentemente, para a concretização de projetos profissionais, demanda a percepção das condições objetivas e concretas que tornam possível a sua incorporação. O cotidiano profissional é o espaço privilegiado da intervenção profissional, e assume, portanto, certa relevância, tendo em vista os impactos que a cotidianidade tem para o trabalho.

Ao realizar considerações críticas sobre o tema, Netto[87] observa que a vida cotidiana é ineliminável, não sendo possível ser cancelada ou suprimida do processo histórico, já que se trata de um dos seus níveis constitutivos, promovendo

[87] NETTO, José Paulo. Para a crítica da vida cotidiana. In: NETTO, José Paulo; CARVALHO, Maria do Carmo Brandt. *Cotidiano*: conhecimento e crítica. 5. ed. São Paulo: Cortez, 2000.

a reprodução social na reprodução dos indivíduos enquanto tais. A cotidianidade, segundo o autor, apresenta determinações fundamentais, ou ainda, "componentes ontológico-estruturais". São eles: a "heterogeneidade", expressa pelo conjunto heteróclito de objetivações do ser social composto por uma diversidade de fenômenos e processos sociais; a "imediaticidade", expressa na preocupação em responder ativamente aos problemas enfrentados, caracterizada pela relação direta entre pensamento e ação, além dos automatismos e do espontaneísmo próprios a esta postura; e a "superficialidade extensiva", expressa na mobilização, nas palavras do autor, "de todas as atenções e todas as forças, mas não toda *a* atenção e toda *a* força" (grifos do autor).[88]

A vida cotidiana é marcada por um materialismo espontâneo e por certa dose de pragmatismo na solução dos problemas enfrentados, sem que se ponha em causa a sua objetividade material e sem questionar a própria natureza dos fenômenos. A principal preocupação consiste em produzir respostas funcionais às situações, sem necessariamente demandar o seu conhecimento interno, e sim a manipulação de variáveis para alcançar resultados eficazes. Não é priorizada, portanto, a reprodução fiel do processo que leva a determinado desfecho pretendido, mas o próprio desfecho em si. Como observa Netto, "no plano da cotidianidade, o critério da utilidade confunde-se com o da verdade".[89]

No dia a dia, os indivíduos não conseguem acessar a consciência humano-genérica. Isso só ocorre quando o indivíduo pode superar a dimensão da singularidade, preocupando-se com a constituição de objetivações menos imediatas e menos instrumentais. Quando isso acontece, processa-se uma mobilização do indivíduo, que promove uma "suspensão" da heterogeneidade da vida cotidiana, ultrapassando a dimensão da singularidade e indo de encontro à consciência humano-genérica. Tais suspensões não significam um corte com o cotidiano e não podem ser contínuas, ao contrário, têm de estabelecer um retorno à cotidianidade, o qual, ao ser realizado, permite que o indivíduo perceba a cotidianidade de forma diferente. Este retorno à cotidianidade após uma suspensão supõe "a alternativa de um indivíduo mais refinado, *educado* (justamente porque se alçou à consciência humano-genérica)" (grifo do autor),[90] e que, ao regressar à vida cotidiana, encontra-se modificado.

Por ser o cotidiano o espaço em que, muitas vezes, se realiza o trabalho, os profissionais estão expostos às suas determinações. Momentos de distanciamento e reflexão sobre os diversos problemas presentes nesta dimensão da vida social devem ser buscados pelos profissionais, como forma de evitar o pragmatismo e o espontaneísmo excessivos. Partindo dos elementos presentes na vida cotidiana, os profissionais podem abordar a realidade em que atuam, superar limites e obstáculos, liberar potencialidades latentes. Para que isso ocorra, os

[88] NETTO, 2000, p. 67.
[89] NETTO, 2000, p. 68.
[90] NETTO, 2000, p. 70.

profissionais necessitam dispor de um conjunto de elementos que possibilitem o movimento de apropriação das demandas postas no cotidiano, para decifrá-las e elaborar propostas de intervenção capazes de responder questões e problemas apresentados. Com tal postura, os profissionais podem evitar tornarem-se prisioneiros das tensões e dilemas postos na vida cotidiana.

O cotidiano profissional é marcado por uma série de processos e fenômenos que, muitas vezes, demandam do profissional posturas próximas de uma atuação pragmática e demasiadamente preocupada com aspectos operativos e instrumentais. Tal postura, por si mesma, pode não se constituir como um problema, já que de fato as dimensões de heterogeneidade, imediaticidade e superficialidade são características inerentes à vida cotidiana, que não podem ser eliminadas e que demarcam a necessidade de uma postura compatível com as exigências postas neste plano. O problema, no entanto, reside na postura que limita o trabalho às questões e às modalidades de intervenção postas no cotidiano, não as ultrapassando e, ainda, entendendo-as como as únicas possíveis de serem implementadas.

Além disso, muitas vezes, as determinações da vida cotidiana são vistas pelos profissionais como obstáculos para o trabalho, o que evidencia um grave equívoco, já que é na cotidianidade que se materializam e se concretizam problemas, demandas, dificuldades e desafios, muitos dos quais objetos de trabalho de diversos profissionais. Atribuir ao cotidiano a condição de obstáculo significa, muitas das vezes, fechar os olhos para o próprio objeto da atuação profissional e para as possibilidades de intervenção sobre o mesmo. É neste contexto que a reflexão constante sobre os principais aspectos do cotidiano profissional apresenta-se como uma postura fundamental não só para que os profissionais tenham condições de entender as principais determinações e condicionamentos presentes em sua realidade de trabalho, mas também para que novas modalidades de análise e de intervenção na realidade possam ser formuladas e implementadas.

Assim, é a partir do cotidiano da atuação profissional, marcado por situações e processos os mais diversificados, que dão concretude e complexidade ao trabalho profissional, que se deve abordar e promover o uso das TIC, tornando-as fatores potencializadores do trabalho, criando condições não só para a melhoria do exercício profissional, mas também para a reflexão sobre este.

1010100101110111010101010101010101001011100110010
1001011101110101010101010101110011001010101010100101110
1
10101010010111001100110011001010101010100101111100
11
010101010010111011101010101010101010100101011101010101010
1010
00101010101010010111011101010101010101010110011001
0010111011101010101010101010101100110010101010111001
10
010101001011101110101010101010101010010101001011101110
1010
01001011100110010101110011001010101010100101110111010
001010101010100101110111010101010101010100101010110
10101010100101110111010101010101010101001011110011001010
1
01110110011001010101010100101110111010101010101

CAPÍTULO 2

A aplicação das Tecnologias da Informação e Comunicação (TIC) no trabalho: desafios e perspectivas

Capítulo 2
A aplicação das Tecnologias da Informação e Comunicação (TIC) ao trabalho: desafios e perspectivas

2.1 As Tecnologias da Informação e Comunicação

2.1.1 A "era tecnológica"

As Tecnologias da Informação e Comunicação vêm ocupando espaços cada vez mais significativos, o que nos remete à importância de conhecer seus significados, desafios e perspectivas. Desvendar seu rico potencial pressupõe o cuidado para não sucumbir a perspectivas mistificadoras das inovações tecnológicas, a partir de uma postura tecnicista e fetichizante. Passemos, portanto, ao tratamento de alguns aspectos fundamentais para o seu entendimento.

De acordo com Vargas[1], a princípio a tecnologia era uma simples disciplina pela qual se estudava e se sistematizava os processos técnicos. Aos poucos ela foi se desdobrando em pesquisas sobre as propriedades dos materiais usados nos ramos de construção e industrial, e com o desenvolvimento da indústria eletrônica, no início do século XX, aprofundou-se por meio da utilização de teorias e métodos científicos para resolver problemas da técnica, atingindo seu pleno sucesso. Com o surgimento da computação eletrônica e da informática, a tecnologia adquire o predomínio que detém atualmente e, de maneira extraordinária, o seu desenvolvimento fez que atingisse uma posição dominante na cultura moderna. A tecnologia não consiste apenas no simples saber como fazer da técnica. Ela exige de seus utilizadores e agentes um profundo conhecimento das razões, finalidades e formas pelas quais os seus objetivos serão alcançados. Enfim, "exige da sociedade em que ela se instalou uma reformulação de sua estrutura e metas, compatível com a utilização dos benefícios que trouxer".[2]

Como sinalizou Grinspun[3], a era da tecnologia, em que vivemos, é resultante do conjunto de inovações e descobertas que a ciência já produziu ou vem produzindo. As consequências das novas tecnologias são inúmeras, e seu poder multiplicador tem se voltado a quase todos os campos da esfera humana, seja no lar, na escola, na indústria, no comércio, na fábrica, na igreja, na cultura ou no lazer. Em todas essas áreas, a tecnologia tem trazido novas linguagens,

[1] VARGAS, M. Prefácio. In: GRINSPUN, Mírian P. S. Zippin (Org.). *Educação tecnológica* – desafios e perspectivas. 3. ed. rev. e ampl. São Paulo: Cortez, 2009. p. 9.

[2] VARGAS, 2009. p. 9.

[3] GRINSPUN, Mírian P. S. Zippin (Org.). *Educação tecnológica* – desafios e perspectivas. 3. ed. rev. e ampl. São Paulo: Cortez, 2009.

novas possibilidades, novos conhecimentos, novo pensamentos, novas formas de expressão e, consequentemente, novos desafios e perspectivas. Se por um lado, a exploração e sua intensificação aumentam com o incremento tecnológico, por outro se pode afirmar que a humanidade passa a ter condições para uma melhora da qualidade de vida, resultando, por exemplo, em uma média de vida muito maior quando comparada ao início do século XX.[4]

Para Sampaio e Leite[5], o ritmo acelerado da "sociedade tecnológica" é rico de possibilidades e apresenta características que merecem atenção. O atual contexto caracteriza-se por traços como rapidez, mutabilidade, pluralidade e presença maciça da tecnologia nos meios de comunicação, nos negócios e na produção de riqueza e conhecimento. Em termos culturais, o momento em que vivemos, segundo as autoras, significa pluralidade de ideias, processadas com a mesma velocidade presente nas inovações e mudanças tecnológicas. Em suas palavras, "a todo momento é necessário produzir conhecimento para explicar, analisar e atuar em uma realidade que muda constantemente".[6]

O termo tecnologia, segundo Sigaut,[7] difundiu-se na Europa depois da Segunda Guerra Mundial, sendo usado para designar o conjunto de técnicas modernas e de cunho científico, em oposição às práticas realizadas pelos artesãos. Gama,[8] ao comentar o contexto brasileiro, afirma que o termo começou a ser difundido, como na Europa, depois da Segunda Guerra Mundial, mas aqui em nosso país a tecnologia foi utilizada como substituição da palavra técnica. O termo técnica vem do vocábulo grego *teckné,* que significa o método, a maneira de fazer eficaz para atingir determinado objetivo e resultado. Nos dias atuais, o significado predominante do termo técnica refere-se a um conjunto de meios necessários para atingir objetivos específicos de produção, sejam eles conhecimentos, habilidades, ferramentas ou máquinas.

A tecnologia, como disciplina, surge na segunda metade do século XIX. Diferencia-se, como ressalta Vargas,[9] do estudo das técnicas e da engenharia, sendo sua finalidade inicial a descrição e a interpretação das técnicas, dos processos técnicos e da forma de preparação ou fabricação de produtos industriais. A tecnologia pode ser entendida, como sugere Gama,[10] como o saber da técnica, estando o seu conceito estritamente ligado ao conceito de produção. Tecnologia tem uma conotação de desenvolvimento, e sua essência reside no saber científico moderno voltado para a solução de problemas da técnica.

4 GRINSPUN, 2009, p. 23.

5 SAMPAIO, M. N.; LEITE, L. S. *Alfabetização tecnológica do professor*. 8. ed. Rio de Janeiro: Vozes, 2011.

6 SAMPAIO; LEITE, 2011, p. 34.

7 SIGAUT, François. A tecnologia, uma ciência humana. In SCHEPES, Ruth(Org.). *O Império das Técnicas*. São Paulo; Papirus, 1996.

8 GAMA, Ruy. *A tecnologia e o trabalho na história*. São Paulo: Nobel/Edusp, 1994.

9 VARGAS, M. *Para uma filosofia da tecnologia*. São Paulo: Alfa-Ômega, 1994.

10 GAMA, 1994.

A tecnologia resulta da aplicação dos conhecimentos científicos (isto é, da aplicação dos conhecimentos obtidos pelo método de pesquisa que deu início à revolução científica na época moderna) na solução de problemas de ordem prática. Como alerta Rodrigues,[11] a tecnologia não consiste apenas na aplicação pura e simples do conhecimento científico. Mais do que isso, trata-se da aplicação de vários conhecimentos científicos reunidos com vista à realização de uma finalidade prática, constituindo "processos" ou "artefatos" tecnológicos que exigem múltiplos conhecimentos. De acordo com o autor, o termo tecnologia aplica-se tanto ao conjunto de conhecimentos científicos necessários para a solução de problemas práticos, quanto ao conjunto de instrumentos utilizados para a solução destes problemas.

O conceito de tecnologia está intimamente ligado à ciência e, mais especificamente, à ciência moderna. É nesta direção que Vargas define a tecnologia:

> A essência da tecnologia foi encontrada no emprego do saber científico moderno para a solução dos problemas da técnica... como simbiose da técnica com a ciência moderna. Consistiria também num conjunto de atividades humanas, associado a um sistema de símbolos, instrumentos e máquinas visando a construção de obras e fabricação de produtos, segundo métodos e processos da ciência moderna.[12]

Tendências atuais têm apontado a importância de se reconhecer o papel desempenhado pela tecnologia, caracterizando-a não apenas como conhecimento do conjunto de meios e instrumentos que estão ao dispor dos homens, mas sim como algo que os modifica, que produz e reproduz formas inovadoras e diferenciadas de viver e de se inserir das relações sociais.

2.1.2 A Internet

De acordo com Wainer,[13] enquanto nos anos 1960 e 1970 a informática resumia-se aos grandes computadores e a programas de caráter mais empresarial (como sistemas de controle de estoque, de recursos humanos, de contas a pagar etc.), é nos anos 1980 que aparecem os microcomputadores e a informática pessoal, com o surgimento de equipamentos e programas de uso individual, tais como planilhas, editores de texto etc. Já na década de 1990, assiste-se ao desenvolvimento de redes locais que interligam vários computadores e, ainda, a difusão da Internet.

[11] RODRIGUES, R. V. S. A centralidade da informação no campo das políticas públicas. In: *Concepção e gestão da política social não contributiva no Brasil*. Brasília: MDS/UNESCO, 2009.

[12] VARGAS, 1994, p. 182.

[13] WAINER, Jacques. O paradoxo da produtividade. In: RUBEN, G. et al. (Orgs.). *Informática, organizações e sociedade no Brasil*. São Paulo: Cortez, 2003.

A Internet surge no contexto da guerra fria e do temor de um ataque nuclear, tendo por base o conceito de "comunicação distribuída",[14] que sustentava a importância de se construir uma rede de informações em que não houvesse um centro e uma única rota de comunicação. O objetivo era promover um processo de comunicação em que pacotes de informação fossem enviados de forma redundante por várias rotas, numa rede em que todos os pontos se comunicassem. Com isso, seria evitada a interrupção da comunicação, já que as informações poderiam continuar sendo enviadas pela malha que permanecesse intacta. As origens desse processo podem ser encontradas na criação da *Advanced Research Projects Agency Network* (ARPANET), uma rede de computadores montada pela *Advanced Research Projects Agency* (ARPA), que, em 1969, consegue interligar alguns centros universitários dos Estados Unidos, constituindo os primórdios da Internet.[15]

Várias fases se passaram até que, em 1995, a Internet atingiu a sociedade em geral, deixando de limitar-se a comunidades dispersas de computação que reuniam cientistas e *hackers*. Dentre aquelas, merecem destaque a criação dos protocolos de transferência de dados (TCP/IP), que permitiu a conectividade e a integração entre computadores e redes, e a criação do sistema hipermídia "*world wide web*", o conhecido "www". Essa aplicação foi decisiva para a rápida difusão da Internet, dando origem aos navegadores que permitiram a "explosão" da rede. Desde então (ainda que com perfis nitidamente desiguais quando se comparam países, regiões, classes, sexos e etnias), o número de conexões tem aumentado de forma expressiva.

O potencial da Internet tem se mostrado significativo. No âmbito das lutas sociais, Moraes[16] destaca a importância da Internet, que com seu ambiente tendencialmente interativo, cooperativo e descentralizado, pode ser útil para o fortalecimento da sociedade civil, difundindo valores e fomentando o acesso a direitos. Tal recurso pode facilitar a intercomunicação de indivíduos e agrupamentos heterogêneos, permitindo, em tese, a defesa de identidades culturais, a promoção de valores éticos e a democratização da esfera pública. Trata-se de uma abordagem que toma a Internet como possível potencializador de práticas democráticas, propiciando, dentre outras possibilidades, "a organização de grupos de conversação, plebiscitos indicativos e consultas sobre distintos temas, disseminando informações na sociedade",[17] realçando-a e fortalecendo-a como espaço político.

No entanto, como lembra o autor, não se trata de transformar a Internet em apanágio de todas as virtudes, pois não seria pertinente subestimar o predomí-

[14] SILVEIRA, Sergio Amadeu da. *Exclusão digital*: a miséria na era da informação. São Paulo: Fundação Perseu Abramo, 2001. p. 13.
[15] CASTELLS, Manuel. *A galáxia da Internet*: reflexões sobre a Internet, os negócios e a sociedade. Rio de Janeiro: Zahar, 2003; SILVEIRA, 2001.
[16] MORAES, D. (Org.). *O concreto e o virtual*: mídia, cultura e tecnologia. Rio de Janeiro: DP&A, 2001.
[17] MORAES, 2001, p. 140.

nio dos megagrupos no atual cenário de transnacionalização e oligopolização das indústrias de informação e entretenimento. Como observou Malini,[18] alguns grupos e movimentos que vêm operando na Internet, vêm sofrendo tentativas de contenção ou esvaziamento de seus fluxos, enfraquecendo sua capacidade de organizar a luta contra as desigualdades. Uma estratégia deste tipo, segundo o autor, é a compra, pelo capital, de diversos ambientes virtuais que, ao acelerarem a socialização das novas tecnologias, podem tornar-se, também, fatores de valorização do capital, o que compromete o caráter contestatório desses ambientes.

Para Silva,[19] o computador é um recurso pedagógico que favorece a aprendizagem dos estudantes, e ao ser conectado à Internet abre maiores perspectivas, incrementando e enriquecendo o processo de ensino e aprendizagem, ao colocar diante deles um imenso universo de informações e um repertório ilimitado de textos e de fontes de informação a serem trabalhados na produção do conhecimento. No entanto, alguns cuidados devem ser tomados em relação a esta "disponibilidade ilimitada" destacada pelo autor, pois, como observou Almeida,[20] constata-se hoje a existência de uma "sobrecarga de informação", uma condição em que a informação é recebida em taxas extremamente altas, que impedem a sua adequada assimilação.

Problematizando um pouco essa questão, Wainer critica ideias e opiniões de que com a Internet os alunos podem coletar mais dados, desenvolver melhor suas opiniões sobre um determinado assunto, formar uma opinião mais "correta" e, por fim, elaborar trabalhos melhores. São ideias que, de acordo com o autor, partem de pressuposições questionáveis. Em primeiro lugar, porque uma maior quantidade de informação não leva necessariamente a um trabalho melhor. E segundo, porque a Internet provavelmente apresentaria muito mais dados do que o necessário para o aluno, sendo preciso filtrar e selecionar as informações, uma habilidade cada vez mais importante nos dias de hoje, em que há o que autor tratou como "*Information overload*".[21]

A Sociedade da Informação tem na Internet um importante pilar, podendo ser, inclusive, entendida como um de seus detonadores. O crescimento da Internet é espantoso, e alguns autores apontam a possibilidade de uma Internet invisível, que não pode ser detectada pelos buscadores mais conhecidos. Como relata Pretto, estima-se que a Internet seja 500 vezes maior do que os resultados que aparecem nestes mecanismos de busca.[22] Neste mundo atual, marcado por

[18] MALINI, Fábio. A informação com arma política: do confinamento ao descontrole. In: COCCO, Giuseppe et al. (Orgs.). *Capitalismo cognitivo*: trabalho, redes e inovação. Rio de Janeiro: DP&A, 2003.

[19] SILVA, Ezequiel Theodoro da. Formação do leitor virtual pela escola brasileira: uma navegação por mares bravios. In: SILVA, Ezequiel Theodoro da (Coord.). *A leitura nos oceanos da Internet*. São Paulo: Cortez, 2002.

[20] ALMEIDA, Rubens Queiroz de. O leitor navegador III. In: SILVA, Ezequiel Theodoro da (Coord.). *A leitura nos oceanos da Internet*. São Paulo: Cortez, 2002.

[21] WAINER, 2003, p. 52.

[22] PRETTO, N. L. Desafios para a educação na era da informação: o presencial, a distância, as mesmas políticas e o de sempre. In: BARRETO, R. G. *Tecnologias educacionais e educação à distância*: avaliando políticas e práticas. 2. ed. Rio de Janeiro: Quartet, 2003. p. 37.

tantas mudanças, a Internet ocupa uma posição de destaque, pois, para além de uma questão tecnológica apenas, ela pode ser entendida como um importante fator de cultura, que contribui para alterar os modos de se relacionar e viver em sociedade. Com suas novas formas de comunicação instantânea (dentre as quais se destacam as redes sociais, os *blogs*, aplicativos como *Skype* e MSN, *e-mails*, dentre outros), ela tem alterado significativamente as formas e modalidades de comunicação entre as pessoas. Com a mesma magnitude, ela tem sido utilizada para produzir e disponibilizar quantidades cada vez maiores de informação, como no caso, por exemplo, dos inúmeros livros gratuitos disponíveis na rede, ou ainda, da Wikipédia, considerada por muitos a maior enciclopédia do mundo. A Internet, portanto, se bem utilizada, pode ser uma importante ferramenta para o desenvolvimento pessoal e coletivo, propiciando uma série de contribuições para o trabalho, o ensino, o lazer e a cultura.

2.1.3 Cibercultura e ciberespaço

Diversos autores, a partir de diferentes perspectivas[23] têm apontado a predominância da tecnologia, da mídia e dos aparatos digitais em diversas atividades e contextos socioculturais. De acordo com Pucci,[24] as transformações tecnológicas estão acontecendo em toda parte, a cada instante e em uma velocidade estonteante, atingindo tanto setores de ponta do poder político e econômico, quanto salas de aula e residências. Surgem novos fenômenos e processos, os quais impulsionam o desenvolvimento de conceitos e categorias teóricas e analíticas que permitam apreender e/ou captar as propriedades e dimensões de tais fenômenos. Termos como *ciberespaço*, *cibercultura* e *revolução digital* vêm, cada vez mais, ultrapassando as fronteiras acadêmicas e penetrando no cotidiano de vários sujeitos, ocasionando uma série de alterações quantitativas e qualitativas nas formas de inserção na vida e nas relações sociais.

Bonilla aponta que,

> como os computadores conectados em rede, em especial a Internet, são meios que permitem a criação, a comunicação e a simulação, forma-se um novo espaço de comunicação, o ciberespaço, e estrutura-se uma nova forma de pensamento, um novo gênero de saber, uma nova cultura, a cibercultura.[25]

Para Santos, a cibercultura é a cultura contemporânea estruturada pelas tecnologias digitais, que vem promovendo novas possibilidades de socialização

[23] LOJKINE, J. *A revolução informacional*. 3. ed. São Paulo: Cortez, 2002; CASTELLS, Manuel. *A sociedade em rede* (A era da informação: economia, sociedade e cultura). São Paulo: Paz e Terra, 1999. v. 1; LÉVY, Pierre. *Cibercultura*. São Paulo: Editora 34, 1999; VIEIRA PINTO, Á. *O conceito de tecnologia*. Rio de Janeiro: Contraponto, 2005. v. 1; VELOSO, R. *Serviço Social, tecnologia da informação e trabalho*. São Paulo: Cortez, 2011.

[24] PUCCI, B. Da ambivalência da educação a distância: reflexões. In: SILVA et al. (Orgs.). *Educação Online*: cenário, formação e questões didático-metodológicas. Rio de Janeiro: Wak, 2010.

[25] BONILLA, M. H. *Escola aprendente*: para além da sociedade da informação. Rio de Janeiro: Quartet, 2005. p. 131.

e aprendizagem mediadas pelo ciberespaço. Em suas palavras, "(...) quaisquer meios de comunicações ou mídias são inseparáveis das suas formas de socialização e cultura que são capazes de criar, de modo que o advento de cada novo meio de comunicação traz consigo um ciclo cultural que lhe é próprio".[26] Para o autor, o ciberespaço é muito mais do que um meio de comunicação ou uma mídia. Ele reúne, integra e redimensiona uma infinidade de mídias, criando redes e tornando-se, por meio do desenvolvimento das relações entre os seres humanos e as interfaces digitais, cada vez mais rico e complexo. Percebe-se, portanto, em tais observações, a nítida tendência de caracterizar as tecnologias digitais de informação e comunicação como uma nova forma de materialização, que provoca mudanças radicais na sociedade, dando origem ao que vem sendo tratado, dentre outras denominações, como *revolução digital*.

De acordo com Silva,[27] a cibercultura emerge com o ciberespaço, o qual é constituído por novas atitudes, novas práticas comunicacionais (tais como *e-mails*, listas, *blogs*, *chats*, dentre outros), novos modos de pensamento, valores, e empreendimentos que aglutinam grupos de interesse os mais diversificados, que se expressam, por exemplo, no movimento pelo *software* livre, pelo ciberativismo, arte eletrônica etc. Levy toma o ciberespaço como "o espaço de comunicação aberto pela interconexão mundial dos computadores e das memórias dos computadores".[28] Segundo o autor, o ciberespaço inclui o conjunto dos sistemas de comunicação eletrônicos, e tem a vocação de "colocar em sinergia e interfacear todos os dispositivos de criação de informação, de gravação, de comunicação e de simulação", constituindo-se como "o principal canal de comunicação e suporte de memória da humanidade".[29]

Lemos entende a cibercultura como "a forma sociocultural que emerge da relação simbiótica entre a sociedade, a cultura e as novas tecnologias de base microeletrônica que surgiram com a convergência das telecomunicações com a informática na década de 70".[30] O ciberespaço, por sua vez, seria o "hipertexto mundial interativo, onde cada um pode adicionar, retirar e modificar partes dessa estrutura telemática, como um texto vivo, um organismo auto-organizante". Trata-se de um espaço em que circulam uma série de informações, discussões, pontos de vista, em que são reforçadas diferentes competências, habilidades e capacidades, aproveitando e potencializando o conjunto de conhecimentos gerados neste ambiente, favorecendo a troca, a interatividade, a socialização dos saberes. Como afirma o autor, é o ambiente que "não tem controle centralizado,

[26] SANTOS, E. Educação online para além da EAD: um fenômeno da cibercultura. In: SILVA et al. (Orgs.). *Educação Online*: cenário, formação e questões didático-metodológicas. Rio de Janeiro: Wak, 2010. p. 29.

[27] SILVA, M. Os professores e o desafio comunicacional da Cibercultura. In: FREIRE, W. *Tecnologia e educação*: as mídias na prática docente. 2. ed. Rio de Janeiro: Wak, 2011.

[28] LEVY, 1999, p. 92.

[29] LEVY, 1999, p. 93.

[30] LEMOS, André. Cibercultura: alguns pontos para compreender a nossa época. In: LEMOS, André; CUNHA, Paulo (Orgs.). *Olhares sobre a cibercultura*. Porto Alegre: Sulina, 2003. p. 12.

multiplicando-se de forma anárquica e extensa, desordenadamente, a partir de conexões múltiplas e diferenciadas.[31]

Se, por um lado, a cibercultura é entendida por muitos como um "horizonte de reencantamento do mundo", por outro, é possível perceber que nela velhos problemas socioculturais são agravados, tais como a exclusão ou divisão digital. Como o acesso às novas tecnologias depende da disponibilidade de recursos econômicos e culturais, surgem termos e conceitos como "infopobre" e "info-analfabeto", utilizados para designar os sujeitos que não têm condições de se apropriar das novas tecnologias de informação e comunicação que permitem o acesso à cibercultura e a participação no ciberespaço.

Vale ressaltar, portanto, a significativa utilização das TIC para favorecer interesses hegemônicos voltados ao reforço de características específicas de nossa formação social, tais como a exploração, a alienação e a acumulação. São traços capitalistas profundamente potencializados a partir da incorporação intensiva da tecnologia no processo produtivo. Como observa Pucci:

> As indústrias ou investem em tecnologias avançadas ou perdem a concorrência no setor produtivo; os trabalhadores ou aprendem a lidar com os aparelhos tecnológicos ou dificilmente encontrarão emprego. Nos depoimentos de diversos autores críticos do capitalismo, nos últimos 60 anos, as revoluções tecnológicas atreladas ao capital, foram orientadas quase que exclusivamente para a criação do valor econômico e fizeram muito mal ao homem, tanto individual quanto coletivamente. As consequências foram, dentre outras: o fortalecimento de um modo de ser pré-reflexivo, não racional e não espiritual; intensificação absurda do processo produtivo; concentração de rendas, desemprego estrutural; e criação de indivíduos, coletivos e países 'descartáveis'.[32]

Percebe-se, portanto, que as inovações tecnológicas caracterizam-se como espaço de disputa social e possuem conexões com as finalidades e projetos dos segmentos hegemônicos que as elaboram e constroem. Neste sentido, a tecnologia expressa o desenvolvimento das forças produtivas, e é marcada pelo caráter contraditório constituinte do padrão específico de relações sociais capitalistas. Se ela vem sendo usada pelo capital para potencializar a produtividade e o lucro, isso não significa que não possam ser engendradas possibilidades históricas de apropriação deste recurso numa perspectiva alternativa, voltada, por exemplo, à defesa dos direitos sociais e ao fortalecimento de projetos sintonizados com a superação dos valores capitalistas.

[31] LEMOS, 2002, p. 146.

[32] PUCCI, 2010, p. 50.

2.1.4 O caráter estruturante e estratégico das TIC

A dinâmica social contemporânea vem explicitando inúmeras formas de incorporação das tecnologias da informação e comunicação nos mais diversos contextos sociais, e por conta disso, vários autores demonstram a importância de superar uma dimensão utilitarista do seu uso, propondo que estas sejam tomadas como estruturantes de novas práticas, não se limitando a meros instrumentos. Para Bonilla, a tecnologia deve ser vista como "um elemento carregado de conteúdo, como representante de novas formas de pensar, sentir e agir que vem constituindo-se na sociedade contemporânea, o que desloca seu uso de uma racionalidade operativa para uma racionalidade complexa, aberta, polifônica".[33] Segundo a autora, as TIC potencializam a "constituição de redes que conectam ideias, experiências, sujeitos, instituições, os quais, organizados a partir de relações horizontais, desencadeiam fluxos de interações, organizações, proposições, produções, conhecimentos, competências, aprendizagens"[34]. É nesta dinâmica que emerge o novo, que a diversidade se expressa, novas possibilidades se abrem, e são criadas condições para o desenvolvimento de práticas capazes de gerar conhecimento sobre diversos contextos e situações, e utilizá-lo para conceber e construir novas perspectivas.

Poderíamos acrescentar que uma apropriação crítica das tecnologias da informação e comunicação, que não sucumba a posturas mistificadoras, simplificadoras e reducionistas, pode adicionar novas possibilidades ao seu uso, fazendo-se necessário evitar perspectivas que priorizem a racionalidade instrumental e o mero tecnicismo. A importância da tecnologia reside na possibilidade de produzir mudanças qualitativas nas relações e contextos sociais. Trata-se, portanto, de um potencial estratégico que pode voltar-se não apenas aos interesses dos segmentos dominantes da sociedade, mas também contribuir para a construção de um projeto de sociedade que confere prioridade às demandas provenientes dos segmentos majoritários da população.

Para que as potencialidades presentes no uso das TIC adquiram concretude, é necessário um sólido processo de apropriação deste recurso, marcado pela valorização de várias outras competências, e não apenas a tecnológica. A incorporação das TIC aos diversos processos e contextos sociais deve, para ser estratégica, viabilizar o avanço e o desenvolvimento para o conjunto da sociedade, abordando dimensões tais como o avanço na luta pela defesa de direitos, pela ampliação e consolidação da cidadania, e pelo aprofundamento da democracia. Sem a garantia de tais pressupostos, o uso da tecnologia pode deixar de ser estratégico e cair na armadilha do tecnicismo.

[33] BONILLA, 2005, p. 208.
[34] BONILLA, 2005, p. 208.

Segundo Veloso,[35] é possível afirmar, em termos gerais, uma tendência de valorização das tecnologias em nossa sociedade, sobretudo por parte de profissionais envolvidos com as políticas sociais públicas, manifestada, por exemplo, pela postura favorável ao uso do computador e dos recursos oferecidos pelas inovações tecnológicas. No entanto, muitas vezes estes profissionais não têm tido acesso às condições objetivas e subjetivas que lhes permitam uma apropriação das TIC com vistas à captação de suas potencialidades. Este potencial pode ser incorporado aos processos de trabalho na medida em que se disponha de alguns requisitos, dentre os quais se destaca, além da vontade e da iniciativa do próprio profissional, condições de trabalho adequadas e um processo de formação e capacitação profissional que trate do tema em suas diversas dimensões.

A utilização crítica e consistente dos recursos tecnológicos pode provocar alterações no desempenho de diversas atribuições e competências, gerando efeitos positivos em relação ao alcance dos objetivos e finalidades das diversas profissões. A apropriação deste recurso pode permitir aos profissionais otimizar competências e habilidades no âmbito de sua atuação em diversas políticas sociais públicas.

As indicações de Bonilla[36] parecem ser úteis neste sentido. Segundo a autora, a tecnologia vem deixando de ser mero instrumento para o consumo e a transmissão de informações, passando a ser um elemento desencadeador da produção e da socialização, não só de informações, mas também de conhecimento e cultura. As redes, aprofundadas por estas tecnologias, têm potencializado a troca, a problematização, o estabelecimento de novas relações e a ressignificação de conceitos e temáticas. São importantes pistas para a compreensão do potencial das novas tecnologias no sentido de transformar práticas profissionais e estabelecer novas relações em diferentes contextos, desencadeando ações que fujam dos modelos tradicionais e que envolvam outras linguagens, posturas e estratégias além das tradicionalmente usadas. As tecnologias da informação e comunicação podem nos ajudar a perceber diversidades e tentar potencializá-las, estabelecer relações entre diversos dados e informações e, também, fomentar espaços de diálogo, participação e aprendizagem.

2.1.5 Construindo uma definição de TIC

Dentre os desafios e perspectivas presentes atualmente no campo das tecnologias da informação e comunicação encontra-se o esforço de captar suas potencialidades, sua versatilidade e as possibilidades de aprimoramento e integração das atividades profissionais a partir do seu uso, englobando o ensi-

[35] VELOSO, 2011.
[36] BONILLA, 2005.

no, a pesquisa, a comunicação, a linguagem, a educação e as diversas práticas profissionais que têm utilizado o suporte digital e informacional. No entanto, é possível afirmar que são inúmeras as mudanças provocadas, pelo uso das inovações tecnológicas, em diversos espaços e contextos sociais, com influências na cultura, na sociedade, no sujeito, nas formas de pensar e construir conhecimento, dentre outros.

A tecnologia é um produto histórico, resultante do trabalho acumulado pelo conjunto da sociedade. Constitui-se tanto como indicador da riqueza socialmente produzida, quanto como um meio para a sua reprodução. É nesta ampla diversidade de inovações tecnológicas, aplicadas em diversos espaços e contextos sociais, que se encontram as tecnologias da informação e comunicação, cuja conceituação, em geral, oscila entre limitá-las às atividades desenvolvidas pelos recursos da informática (priorizando a automatização de tarefas) ou, ainda, entendê-las como a aplicação de seus diferentes ramos na geração, processamento e difusão de informações (enfatizando a manipulação e organização de dados para posterior utilização).

No debate sobre o tema, vislumbram-se tendências que reforçam posições diferenciadas: por um lado, a aplicação das TIC é vista em termos de operacionalização em sentido genérico, priorizando as habilidades de utilizar as tecnologias; por outro, valoriza-se, também, a atividade de reapropriação e reelaboração da linguagem informacional voltada para novos usos e finalidades. Percebe-se, portanto, a coexistência de uma lógica instrumental e uma atividade de criação que mobiliza os diversos recursos com vistas ao estabelecimento de diferentes modalidades de trabalho e conhecimento, denotando que a prioridade não é para o domínio operacional, mas estende-se a uma apropriação mais efetiva, mais crítica do recurso tecnológico.

Considera-se que uma proposta de conceituação de TIC minimamente aceitável deve remeter ao conjunto de dispositivos, serviços e conhecimentos relacionados a uma determinada infraestrutura, composta por computadores, *softwares*, sistemas de redes etc., os quais teriam a capacidade de produzir, processar e distribuir informações para organizações e sujeitos sociais. Um traço fundamental das TIC é o fato de serem produto da convergência e do imbricamento das telecomunicações com a informática e a computação. Como destaca Bonilla,[37] "as tecnologias da informação e comunicação superam e transformam as formas de criação, transmissão, armazenamento e significação das informações, próprias de sistemas anteriores, e com elas instauram-se as possibilidades de novas lógicas, novas articulações de linguagens, com base em novos suportes, em novas máquinas dotadas de grande capacidade de armazenamento, processamento e troca de informações em alta velocidade".

[37] BONILLA, 2005.

Angus exemplos de tecnologias da informação e comunicação podem ser apresentados: os computadores pessoais, os telefones celulares, a Internet, o correio eletrônico, os diversos suportes de armazenamento de dados, a TV digital e as inúmeras tecnologias digitais de acesso remoto e de captura e tratamento de dados, sejam eles texto, imagem ou som. As TIC constituem-se como instrumentos inovadores que aceleram a comunicação, fomentam a interatividade, transformam a produção, alteram as relações dos homens entre si, modificam suas atividades, e, consequentemente, interferem na própria organização da sociedade. Elas produzem efeitos e consequências sociais dos mais diversificados, aprimorando processos de trabalho, aproximando pessoas, criando novos horizontes culturais, ampliando a produção e a circulação de informação e conhecimento. Por outro lado, essas tecnologias também podem aprofundar desigualdades sociais, podendo constituir-se como reforço de práticas excludentes e concentradoras de poder e riqueza. Seu caráter contraditório demonstra, portanto, que elas podem mediar tanto o fortalecimento da acumulação quanto a criação e desenvolvimento de posturas alternativas aos valores capitalistas, a depender do movimento das forças sociais em disputa.

2.2 A contribuição das TIC para a cidadania

2.2.1 Tecnologia e política

As possibilidades de uso das TIC são numerosas e diferenciadas, encontrando-se marcadas pelo caráter contraditório que preside o processo social. Acredita-se que se uma sociedade é fortemente caracterizada pela incidência de desigualdades sociais, a tendência é que os efeitos sociais decorrentes do uso social das TIC caminhem para a mesma direção, embora haja espaço para novas alternativas historicamente construídas e conduzidas pelos agentes sociais presentes nesta sociedade. Trata-se de um processo de luta composto por diversas modalidades, sobretudo democráticas, novas e diferenciadas, que tem em vista um uso social da tecnologia mais adequado aos interesses da população. Como observou Santos:

> Um dos paradoxos da sociedade da informação é que, quanto mais vasta é a informação potencialmente disponível, mais seletiva é a informação efetivamente posta à disposição dos cidadãos. E, como nesse tipo de sociedade o exercício ativo da cidadania depende mais do que nunca da informação que o sustenta, a luta democrática mais importante é a luta pela democratização dos critérios da seleção da informação.[38]

[38] SANTOS, Boaventura de Souza. Economia de cassino. *Folha de S. Paulo*, São Paulo, 15 mar. 1998, Folha Dinheiro, p. 8.

Se, por um lado, as novas tecnologias vêm sendo largamente utilizadas pelo grande capital como poupadoras de mão de obra, ocasionando, por conta do tipo de uso social posto em prática, fortes impactos para os trabalhadores, por outro, tais tecnologias, ao trazerem consigo a contraditoriedade do processo social, podem ser apropriadas e utilizadas para atender ou reforçar interesses mais próximos desses mesmos trabalhadores.

Evidencia-se, assim, uma luta pela apropriação e pelo uso da tecnologia, entendendo-a como importante questão política e social. Cabe aos sujeitos comprometidos com práticas democratizantes e emancipadoras buscar caminhos que possam engendrar sua apreensão e aplicação em favor dos interesses da classe trabalhadora. Assim, o que se levanta é justamente a possibilidade do recurso tecnológico mediar o fortalecimento de princípios favoráveis aos trabalhadores.

A influência que as TIC podem exercer no campo econômico, político e social depende da sua concretização como instrumento que pode vir a reforçar ou não a lógica da acumulação capitalista. Não se trata de bradar contra o avanço tecnológico. No entanto, não se pode deixar de constatar que sua utilização se dá, mais detidamente, para atender os interesses hegemônicos.

Caracterizar as inovações tecnológicas como espaço de disputa social não significa desconsiderar suas conexões com as finalidades e projetos dos segmentos hegemônicos que as elaboram e constroem. Como observou Martin-Barbero, "as tecnologias não são meras ferramentas transparentes; elas não se deixam usar de qualquer modo: são, em última análise, a materialização da racionalidade de uma certa cultura e de um 'modelo global de organização do poder'".[39] Desta forma, chama-se a atenção para a tensão existente entre as finalidades inerentes às inovações tecnológicas e os valores e pressupostos que constituem os projetos alternativos àquelas finalidades.

De forma geral, essas inovações têm sido reduzidas a ferramentas cada vez mais rigorosas de racionalização e controle do trabalho. A tecnologia consiste na expressão do desenvolvimento das forças produtivas, marcada pelo caráter contraditório constituinte do padrão específico de relações sociais capitalistas. Se ela vem sendo usada pelo capital para potencializar a produtividade e o lucro, isso não significa que não possam ser engendradas possibilidades históricas de apropriação do recurso numa perspectiva voltada ao fortalecimento das lutas sociais. Constitui-se, assim, uma estratégia de incorporação crítica da tecnologia, cuja efetivação depende da capacidade que os atores envolvidos demonstrarem de superar as posturas mistificadoras, simplificadoras e reducionistas.

Um dos desafios que podem ser vislumbrados é o de analisar as possibilidades de construção de usos sociais das inovações tecnológicas de modo articulado a posturas que possam fortalecer o enfrentamento das expressões do pro-

[39] MARTIN-BARBERO, J. *Dos meios às mediações*. Rio de Janeiro: Editora UFRJ, 1997.

cesso de acumulação capitalista. Trata-se de engendrar uma apropriação crítica dos recursos tecnológicos, adicionando-os às experiências de resistência e luta social como forma de ampliar o potencial já existente em tais experiências.

2.2.2 O potencial das TIC para o trabalho nas políticas sociais

O uso das TIC pode promover significativas alterações no exercício profissional de diversos profissionais. Especificamente em relação ao trabalho no âmbito das políticas sociais, as TIC podem promover alterações tanto no que se refere ao atendimento a usuários e usuárias, quanto ao desempenho de atividades como assessoria, supervisão, formulação e implementação de políticas, podendo gerar efeitos positivos em relação ao acesso aos direitos sociais. Trata-se, no entanto, de possibilidades que se encontram condicionadas pelas expressões do processo social vigente.

O recurso tecnológico pode desempenhar um papel importante, constituindo-se como um elemento potencializador do trabalho em três sentidos: *agilização do trabalho e dinamização do atendimento; organização e tratamento de dados; uso de redes e da Internet.*

O acesso à Internet e às redes de serviços e recursos disponíveis pode constituir-se como uma das formas de democratizar as informações e ampliar o acesso dos sujeitos aos direitos sociais. A ampliação desse acesso constitui-se como importante objetivo a ser buscado pelos profissionais envolvidos na condução das políticas públicas, destacando-se que, com o uso das TIC, é possível potencializar a realização de contatos e o acesso a informações, podendo disponibilizar a usuários e usuárias condições mais favoráveis para a realização de atendimentos e a oferta de respostas às demandas apresentadas.

O uso de redes e da Internet pode auxiliar a qualificação do trabalho, oferecendo uma importante contribuição na sua condução, seja na socialização de informações durante os atendimentos propriamente ditos, agilizando tarefas e atividades, seja na formulação e elaboração de pesquisas mais específicas sobre temas de interesse.

Outra possibilidade de aplicação das TIC no trabalho consiste na sua utilização para agilizar atividades e dinamizar o atendimento prestado aos indivíduos. Essa dinamização pode ser vista como um dos elementos impulsionadores da melhoria da qualidade do trabalho. O uso das TIC pode facilitar os processos e ações que envolvam comunicação, troca/busca de informações e de registros. Permite agilizar a produção de relatórios, a busca de recursos, instituições, textos e diversos outros materiais de interesse. Proporcionam, ainda, a rapidez nos fluxos de trabalho, podendo ser utilizada para dar transparência a processos, e estimular novas formas de intervenção, melhorando a organização do trabalho e obtendo resultados mais consistentes nas tarefas desempenhadas.

A terceira possibilidade de aplicação das TIC no trabalho consiste no aprimoramento da organização e do tratamento de dados, uma de suas principais contribuições. Neste sentido, o registro, a sistematização de dados e a produção de informações sobre demandas e atendimentos podem ser potencializados pelo uso das TIC, favorecendo a produção de perfis, estatísticas, relatórios e avaliações dos programas e projetos em andamento.

Os dados armazenados e as informações geradas com a contribuição das TIC podem ser utilizados para pesquisa e avaliação do trabalho, contribuindo desta forma, para o desenvolvimento e o aprimoramento de processos e metodologias.

O uso das tecnologias da informação e comunicação pode potencializar a dimensão investigativa do trabalho, oferecendo elementos e condições para dinamizar a organização dos dados e informações que perpassam cotidianamente o trabalho. Se o uso desta tecnologia, por si só, não é capaz de produzir conhecimento, tendo em vista que nada mais faz do que oferecer uma descrição aproximada da realidade, pode oferecer as condições básicas para a percepção inicial de algumas tendências do movimento da sociedade, já que tal percepção pode partir da descrição por ela oferecida.

Pensar a importância das TIC para o trabalho implica entendê-la como mediação, tal como sugeriu Vieira Pinto, tendo em vista que "a tecnologia foi criada e é usada exatamente para servir de mediação prática entre o ser humano e a natureza ou a sociedade", integrando-a num processo histórico dialético.[40]

O recurso à categoria de mediação, como destaca Pontes,[41] favorece "uma apreensão mais próxima do movimento da totalidade social do objeto de intervenção profissional",[42] tornando possível perceber o campo de intervenções profissionais como um "campo de mediações".[43] As mediações, segundo o autor, permitem passagens entre as instâncias constituintes da totalidade, tratando-se de:

> Condutos por onde fluem as relações entre as várias estâncias da realidade. São eles que possibilitam conceber-se a realidade como totalidade.[44]

Neste sentido, pode-se conceber as TIC como uma das mediações presentes no campo da atuação profissional, na medida em que, com o seu uso, em articulação com outras mediações, as finalidades presentes nos projetos profissionais podem ser alcançadas. Este recurso pode oferecer uma importante contribuição para os profissionais em sua tarefa de articular as diversas mediações presentes no seu campo de atuação. Mais do que um instrumento a ser utilizado no

---

40 VIEIRA PINTO, 2005, p. 285.

41 PONTES, Reinaldo Nobre. *Mediação e Serviço Social*. São Paulo: Cortez, 1995.

42 PONTES, 1995, p 167.

43 PONTES, 1995, p 170.

44 PONTES, 1995, p 181.

exercício profissional, as TIC podem ser também entendidas como um elemento potencializador de outras dimensões já previamente existentes no âmbito do trabalho profissional. Em outros termos, os profissionais podem utilizar as TIC para potencializar sua atuação junto às expressões da questão social, apropriando-se deste recurso para otimizar as competências e habilidades já previamente existentes no âmbito de sua atuação.

O dimensionamento da utilização das TIC no trabalho, bem como dos demais recursos e instrumentos, demanda a apreensão dos processos constitutivos do exercício profissional. Trata-se de uma questão relevante, na medida em que este recurso pode potencializar:

> Passagens cognitivas entre as várias dimensões em presença, podendo articular estas mediações potencializando forças em presença, em favor de um projeto de sociedade progressista e transformador da realidade, ou simplesmente manter-se alienado da trama destas complexas relações.[45]

O aprimoramento do trabalho ou a solução de problemas e dilemas profissionais não será produto exclusivo da incorporação das TIC ao trabalho. A solução será decorrência da capacidade que os profissionais possuírem de definir e alcançar projetos e finalidades. A tecnologia é uma mediação para se alcançar tais finalidades. Por outro lado, na medida em que nos familiarizamos com a tecnologia e seus diversos recursos, na medida em que utilizamos e estudamos as inovações e as possibilidades que elas trazem, podemos visualizar, com uma abrangência cada vez maior, a sua contribuição para o alcance de novos projetos e novas finalidades. Poderá acontecer um tipo de articulação cujos frutos sejam positivos para o trabalho, sem que haja, no entanto, uma subordinação dos trabalhadores à tecnologia.

2.2.3 Sistemas de informação

Uma das aplicações das TIC para as quais os profissionais devem estar atentos são os Sistemas de Informação, que podem ser definidos como "um conjunto de procedimentos organizados que, quando executados, proveem informação de suporte à organização".[46] Em geral, os Sistemas de Informação processam dados e os apresentam para os sujeitos, indivíduos ou grupos interessados em seu uso, que irão interpretá-los e aplicá-los de acordo com suas necessidades. Tais sistemas constituem-se como importantes recursos, contribuindo para promover mudanças qualitativas no exercício profissional, expressando, assim, o seu potencial estratégico. A criação e utilização de Sistemas de Informação que possam oferecer subsídios para a realização do trabalho poderiam ser encaradas pelos profissionais como um importante desafio.

[45] PONTES, 1995, p 181.

[46] SILVA, Arídio et al. *Sistemas de informação na administração pública*. Rio de Janeiro: Revan, 2004. p. 52.

O uso dos Sistemas de Informação, no entanto, não deve se dar de forma voluntarista, demandando do profissional uma postura crítica em relação a sua natureza e objetivos. Com esta preocupação em mente, Jonas[47] observa que grande parte dos Sistemas de Informação destinados às políticas sociais disponíveis no mercado seguem um padrão adequado às necessidades do capital, sendo concebidas como ferramentas de racionalização do trabalho e de gerenciamento. Ao absorverem a contribuição das TIC, as políticas públicas podem gerar uma forte tensão por conta da incompatibilidade de interesses. É neste sentido, que, ao apontar a importância de um esforço de "adaptação dos recursos informáticos à gestão das políticas sociais", a autora destaca que não se deve abandonar os pressupostos e valores profissionais identificados com a ampliação dos direitos e aperfeiçoamento das instituições democráticas.

Embora se concorde com a autora nos aspectos principais de sua análise, considera-se que a tarefa principal aqui não é a de fazer adaptações apenas. Mais do que uma adequação das TIC ao trabalho, trata-se de construir e identificar as reais possibilidades de sua apropriação pelas diversas profissões, utilizando-a como uma contribuição para alcançar as finalidades presentes nos distintos projetos profissionais.

As TIC podem ser um importante recurso para a produção e divulgação de informações úteis aos indivíduos. Sua incorporação ao trabalho não deve se limitar ao uso apenas de pacotes de programas e aplicativos comerciais fechados. É necessário avançar no conhecimento da lógica que embasa o desenho dos Sistemas de Informação, buscando impulsionar a construção de aplicações que absorvam os valores e parâmetros profissionais. A elaboração de Sistemas de Informação deve estar permeada pelas principais características dos projetos profissionais, de modo que eles sejam, também, expressão de tais projetos. Trata-se de uma postura que não está preocupada com a adaptação ou adequação das TIC ao trabalho, mas sim com a construção de novas possibilidades de uso, de apropriação crítica deste recurso, tendo por ponto de partida os desafios postos às profissões.

Assim, cabe aos profissionais evitar o caminho predominante de adaptação aos produtos disponíveis no mercado. Antes, podem priorizar, a partir de sua postura ética, o compromisso com os valores profissionais, buscando formas de concretizá-los e criando sistemas que possam viabilizá-los. A preocupação aqui não é apenas com o desenvolvimento de sistemas tecnicamente perfeitos, mas com a criação de recursos que possam propiciar o avanço, um meio de auxiliar a efetivação de princípios profissionais.

[47] JONAS, Liz Clara de Campos. Sistemas de informação na assistência social e parâmetros ético-políticos. *Serviço Social em Revista*, Londirna, UEL, v. 5, n. 1, 2002. Disponível em: <http://www.ssrevista.uel.br>. Acesso em: 28 jul. 2006.

2.2.4 Uma experiência de aplicação das TIC

A título de ilustração, realiza-se algumas rápidas observações sobre uma experiência concreta de criação e utilização de um Sistema de Informações, o Sistema de Informações do Serviço Social (SISS), uma experiência produzida, socializada e avaliada coletivamente, com vistas a contribuir para a discussão sobre a importância das TIC para o fortalecimento do trabalho profissional e as condições necessárias à sua incorporação.

O SISS foi criado e desenvolvido no setor de Serviço Social de um hospital público do Rio de Janeiro, como uma das atividades do projeto de pesquisa "*Serviço Social e Tecnologia da Informação: uma articulação estratégica*". A ideia deste projeto de pesquisa decorreu da observação assistemática de várias experiências de intervenção profissional que não dispunham de meios para tornar mais ágeis e eficazes as ações realizadas, como por exemplo, obtenção de dados e informações confiáveis referentes ao trabalho, indicadores de avaliação, perfis de usuários, estatísticas de atendimento e encaminhamento. A partir da situação constatada, buscou-se pensar as tecnologias da informação e comunicação como um fator capaz de proporcionar os meios para se superar tais dificuldades, e, assim, alcançar um maior grau de eficácia e eficiência no trabalho.

O projeto de pesquisa tinha, portanto, três objetivos básicos:

a) promover uma articulação mais efetiva entre a profissão de Serviço Social e as tecnologias da informação e comunicação, buscando evidenciar potencialidades e perspectivas nos âmbitos da formação e da intervenção profissionais;

b) auxiliar a construção e o redimensionamento de projetos de Serviço Social, com a inclusão de atividades mediadas por tecnologias da informação e comunicação;

c) incentivar e potencializar o exercício profissional nas dimensões de gestão, pesquisa, avaliação e sistematização do trabalho realizado.

Buscou-se, naquele momento do projeto, conhecer experiências de aplicação das tecnologias da informação e comunicação ao Serviço Social, analisando as potencialidades de tais experiências, bem como as modificações geradas para o Serviço Social. O SISS consistiu em uma dessas experiências, tratando-se de um sistema aplicativo capaz de auxiliar na análise e solução de problemas técnicos, organizacionais e administrativos.

A elaboração do SISS deu-se a partir de uma necessidade imposta pelo cotidiano do trabalho: a falta de organização, sistematicidade e disponibilidade de dados e informações necessárias ao trabalho do Serviço Social na instituição. Projetou-se, então, um aplicativo que pudesse, ao mesmo tempo, disponibilizar aos profissionais um cadastro de pacientes e um cadastro de recursos comunitários, voltados ao atendimento ou à continuidade do atendimento prestado.

Tratou-se de um aplicativo de banco de dados que congregava uma série estruturada de itens de dados, organizados de forma sistemática e articulada, que podiam ser manipulados para gerar e distribuir informações úteis à execução, avaliação e planejamento do trabalho. Elaborado a partir das fichas e formulários utilizados pelo Serviço Social e do processo de trabalho realizado pela equipe, este aplicativo apresentou-se como um importante potencializador dos instrumentos de trabalho já previamente existentes no Serviço Social, permitindo maior rapidez e agilidade na localização e inserção de dados, bem como na extração de informações.

A partir dos registros realizados era possível gerar, instantaneamente, uma série de informações, tais como estatísticas e perfis periódicos de atendimento, perfis de usuário, relatórios de atendimento, fichas de encaminhamento, listas de recursos disponíveis, dentre outros. Por sua rapidez e agilidade, constituiu-se num recurso de fundamental importância para o aprimoramento da sistematização das informações e para o aumento dos níveis de eficiência e eficácia no hospital. O SISS permitiu, ainda, o acesso rápido e eficaz aos diversos recursos comunitários existentes, destinados ao atendimento dos usuários. A tecnologia possuía um papel estratégico nesse projeto, já que permitia armazenar e localizar, de forma ágil e eficiente, informações sobre os usuários atendidos pelo Serviço Social e os recursos comunitários disponíveis para encaminhamento.

O SISS, por um lado, permitia aos profissionais o cadastro rápido e fácil de dados, e o acesso imediato às informações necessárias ao atendimento. Por outro lado, permitia ao cidadão o acesso às informações sobre recursos e serviços necessários à continuidade de seu atendimento, disponíveis nas diversas instituições, além dos critérios e condições para a sua utilização. Destinou-se ao atendimento direto aos usuários do hospital. Um de seus objetivos era padronizar o atendimento prestado aos usuários, permitindo um fácil armazenamento e acesso a dados e informações, e organizando, com mais eficiência, os fluxos de atendimento e de utilização dos recursos e serviços disponíveis.

A presença das TIC no Serviço Social ainda é pequena. A utilização, por parte de assistentes sociais, de sistemas de informação e bancos de dados informatizados, em seu exercício profissional, ainda é algo pouco comum no cotidiano profissional. São poucas as experiências de informatização encontradas nesta área. E, ainda assim, tais experiências limitam-se, ora a cadastros de recursos ou, ainda, a fichas ou formulários informatizados, não havendo, no entanto, uma integração entre o cadastro de usuários e o de recursos. Neste contexto, o ineditismo do SISS foi significativo.

A título de exemplo, poderíamos citar as totalizações de atendimentos, que eram geradas instantaneamente, não sendo necessário recorrer aos livros de registro e ocorrências, ao final do mês, para se contar os atendimentos realizados. O total de atendimentos em um determinado período podia ser distribuído em cinco categorias diferentes: por profissional; por recurso utilizado; por local de encaminhamento do usuário; por local de origem do atendimento; por demanda apresentada. Tais categorias podiam, ainda, a depender das necessidades do setor, ser cruzadas, para que fossem obtidas informações mais detalhadas sobre os atendimentos realizados.

O registro dos atendimentos era feito imediatamente após a sua realização, tornando-se possível ter uma visão geral da evolução do usuário, o que permitia a qualquer membro da equipe, a partir das informações registradas, tanto consultar os dados e informações registrados, quanto dar continuidade ao atendimento anterior. Era possível ainda gerar perfis dos usuários atendidos em um determinado período, destacando alguns pontos importantes, como faixa etária, cidade de moradia, situação funcional, dentre outros. Relatórios individuais também eram facilmente gerados, bastando informar ao sistema o nome do usuário. O acesso às informações referentes aos recursos comunitários também se dava de forma ágil e fácil, tendo por consequência uma dinamização e agilidade inéditas na execução do atendimento, que tinham por resultado final a melhoria do atendimento dos usuários.

Nem sempre a instituição na qual se realizava o atendimento possuía todos os recursos necessários à conclusão do atendimento, sendo necessário o encaminhamento do usuário a outras instituições que dispunham de tais recursos. O SISS possibilitava, após a localização de inserção de tais recursos, identificá-los e geri-los de acordo com as demandas postas ao serviço Social. O cadastro de usuários permitia, também, a elaboração de perfis de atendimento, possibilitando a construção de indicadores sociais para a elaboração de novas propostas de trabalho ou para o aperfeiçoamento da gestão dos projetos já existentes. Como dito anteriormente, o grande mérito deste sistema foi permitir a geração destas informações de uma forma extremamente ágil e sistemática.

Esta conjugação entre as tecnologias da informação comunicação e o Serviço Social propiciou, dentre outras coisas, a geração e disponibilização de um grande número de informações que podiam ser utilizadas para responder, eficazmente, as demandas (ou pelo menos boa parte delas) apresentadas pelos usuários. Promover esta articulação implicava em: conhecer a dinâmica e a estruturação do serviço; dimensionar e sistematizar o armazenamento de dados e informações; racionalizar, agilizar, descentralizar e uniformizar dados e informações de usuários e recursos disponíveis.

Em relação à relevância do SISS, cabe enfatizar que os usuários do Serviço Social das diversas instituições apresentam demandas/solicitações que extrapolam o limite ou as características de uma única instituição. Desta forma, o profissional precisa ter um instrumento que lhe disponibilize as instituições que poderão atender ou complementar o atendimento prestado ao usuário, ou seja, um conjunto coordenado e unificado de informações sobre tais recursos e a situação de sua disponibilidade. Fatores fundamentais à manutenção deste sistema eram o levantamento e a sistematização dos dados, e a atualização constante das informações.

Dentre as vantagens oferecidas pelo SISS, pode-se citar: mensuração da produtividade; agilização, clareza e racionalidade no atendimento; maior concentração de subsídios para o encaminhamento; maior número de opções; melhoria na qualidade das informações sobre os recursos comunitários disponíveis e sobre os usuários atendidos; maior rapidez e agilidades no levantamento de dados e informações; possibilidade de integração com outros sistemas.

Pode-se apontar, ainda, que a utilização do SISS possibilitou um maior respeito às necessidades dos usuários e uma melhora no procedimento de encaminhamento às instituições, cujos dados e informações estivessem armazenados em sua base. Já em relação a estas instituições, a utilização do SISS permitia um aumento no respeito às suas normas e critérios de atendimento.

Este aplicativo trouxe, também, possibilidades de novas pesquisas, como: análise do perfil dos usuários do Serviço Social; elaboração de indicadores de avaliação e elaboração de novos projetos e propostas de trabalho; mapeamento de recursos e equipamentos institucionais na área da saúde por regiões determinadas; detecção de falhas ou ausência de recursos específicos em determinadas regiões; elaboração e abertura de um sistema informativo ao público em geral.

Dentre as melhorias possibilitadas pelo SISS, podem ser destacadas: maior facilidade na inserção de dados; diminuição de tempo gasto nos atendimentos; aumento do número de atendimentos; maior facilidade na emissão de listagens e relatórios; eliminação de uma considerável quantidade de trabalho manual; informatização dos cadastros de usuário e de recursos comunitários disponíveis; informatização de fichas e formulários do Serviço Social; maior rapidez na obtenção de informações e cruzamento de dados; maior facilidade de acompanhamento da evolução do usuário no hospital; melhoria na qualidade das decisões tomadas, tendo por base informações mais precisas; registro efetivo de todos os atendimentos realizados.

Entre os pontos positivos oferecidos, encontravam-se a possibilidade de analisar, sem desperdício de tempo e recursos, as variações ocorridas nos processos de atendimento em períodos específicos. Foi possível conhecer as tendências e alterações ocorridas no setor, tais como: quais os setores que mais encaminhavam usuários para o setor de Serviço Social e quais os que menos encaminhavam; quais os recursos mais utilizados e os menos utilizados; quais as instituições que mais recebiam encaminhamentos realizados pelo Serviço Social; qual a faixa etária de maior concentração de usuários; que recursos eram mais procurados pelos usuários e estavam menos disponíveis. A partir destes indicadores foi possível definir com maior consistência as áreas de investimento mais relevantes. Com base em informações como essas, o processo de planejamento de novas ações, definição de prioridades e tomada de decisões foi realizado de forma bem mais consistente.

É importante destacar que antes da implementação do SISS, era necessário, para cada usuário atendido, o preenchimento de uma ficha social. Se o usuário retornasse ao Serviço Social, uma nova ficha era preenchida, fazendo com que a redundância de informações fosse uma constante no setor. Por outro lado, o arquivamento das fichas era feito de forma precária, sendo mais rápido preencher uma nova ficha do que encontrar, no arquivo, a que já existia. Com o SISS, a localização e complementação de dados e informações se deram de forma extremamente eficiente. Além disso, o aplicativo não permitia que um paciente fosse cadastrado mais de uma vez, pondo fim ao desperdício de trabalho e de recursos.

Todos os recursos comunitários utilizados pelo Serviço Social eram cadastrados no SISS, e a sua atualização era constante. Isso tinha por resultado uma informação mais confiável e segura, na medida em que era atualizada e complementada com frequência, conforme se dava a utilização dos diversos recursos comunitários disponíveis. É bom ressaltar que o registro do atendimento só era finalizado quando era indicado o código do recurso comunitário que era utilizado, ou seja, a indicação do recurso era elemento obrigatório na utilização do SISS, e o registro não era concluído se não houvesse indicação do código do recurso. Esta foi a forma encontrada para incentivar a inclusão de novos recursos comunitários e a atualização constante dos já existentes. O que se verificava antes é que a agenda de contatos e recursos do Serviço Social não era atualizada e continha várias informações que já estavam obsoletas, muitas vezes com recursos que nem existiam mais. Isso poderia levar a um encaminhamento que, ao invés de trazer soluções para o usuário, trazia mais problemas. Como não existiam, no Serviço Social, indicadores de atendimento ou perfis de usuário com o nível de precisão e confiabilidade que o SISS proporcionou, não foi possível expressar com exatidão as dimensões das mudanças ocorridas no setor. No entanto, é perfeitamente possível indicar que foram enormes as melhorias para a condução e avaliação das atividades, já que, como foi dito, não havia qualquer mecanismo sistemático de geração de informações. O avanço para o setor de Serviço Social, neste sentido, foi imenso.

Deve-se levar em consideração, ainda, a economia de tempo e recursos, já que, anteriormente à implantação do SISS, as estatísticas de atendimento eram feitas manualmente, a partir de consulta aos livros de registro ou a folhas de verificação. Na prática, isso significava que, por um período de tempo determinado, um profissional do setor não poderia prestar atendimento aos usuários, já que se encontrava ocupado, contando os atendimentos realizados. E, mesmo assim, esse levantamento não possibilitava o cruzamento instantâneo com outras variáveis. Com o SISS, tais estatísticas eram produzidas simultaneamente à inserção dos dados, e obtidas de uma forma extremamente simples, bastando, ao final do mês ou de um período específico, "clicar" no botão correspondente à estatística desejada. O resultado era uma contenção no desperdício de tempo e de recursos, possibilitando uma canalização de tais recursos para outras áreas e um aumento na eficácia e na eficiência do setor.

Percebemos, na experiência de implementação do SISS, que a aplicação das tecnologias da informação e comunicação no trabalho adquire maior consistência quando a equipe tem pleno conhecimento de suas competências e atribuições e está comprometida com seus objetivos profissionais. "A tecnologia se limita a abrir possibilidades. Somente a atuação das pessoas permite que elas se realizem bem".[48] O SISS, como experiência de aplicação das tecnologias da informação e comunicação ao exercício profissional, ofereceu possibilidades para a melhoria dos processos existentes, para o seu aprimoramento. Se o processo de trabalho existente estiver bem estruturado e organizado, com profissionais comprometidos do ponto de vista ético, teórico, político e técnico, a aplicação das tecnologias da informação e comunicação terá consequências bastante positivas para a profissão.

As demandas as quais o SISS buscou responder foram minimamente equacionadas: as informações eram obtidas de forma mais eficaz e eficiente; a equipe de profissionais possuía condições mais adequadas para acompanhar os atendimentos prestados aos usuários, na medida em que os dados registrados eram facilmente acessados; e os usuários, por sua vez, recebiam atendimentos mais qualificados, já que as decisões dos profissionais estavam mais bem fundamentadas. Com isso, a capacidade de apropriação das demandas e das possibilidades de solução ampliou-se, propiciando um aumento da eficácia das ações junto aos usuários.

Vale a pena, no entanto, destacar a existência de alguns obstáculos que se apresentaram durante a experiência de implementação do SISS, que não chegaram a comprometer o sistema, mas apontam a importância de aprimoramento das condições necessárias à sua adequada utilização. Dentre eles, poderíamos apontar: insuficiência de equipamentos e suprimentos; acomodação e resistência de alguns profissionais às mudanças e inovações trazidas pelo SISS; ausência de treinamentos especializados, voltados à ambientação no SISS e aperfeiçoamento técnico dos profissionais; inviabilidade da obtenção de recursos físicos e humanos necessários ao pleno desenvolvimento do trabalho.

Trata-se de questões e problemas que não eram exclusivos dessa experiência, extrapolando-a e se fazendo presentes, de uma forma geral, no conjunto de políticas e instituições públicas que vêm implementando e executando ações na esfera da valorização e consolidação da cidadania. Com essa experiência não se esperava superar tais questões, mas oferecer subsídios para a criação de alternativas que pudessem conduzir a mudanças nesse cenário, viabilizando, desta forma, uma real e efetiva melhoria nos serviços prestados.

[48] A afirmação é de Pierre Lévy, em entrevista concedida ao Jornal do Brasil em 26.08.2002.

A partir da experiência de implementação do SISS foi possível elaborar algumas considerações que puderam ser sintetizadas na compreensão das tecnologias da informação e comunicação como um potencializador dos instrumentos de trabalho já previamente existentes no Serviço Social, e não como uma ferramenta autônoma e independente. As mudanças proporcionadas pela tecnologia, no entanto, estavam vinculadas à existência de um projeto de trabalho consistente, de uma equipe competente, crítica e comprometida com os princípios éticos que norteiam o trabalho.

Com o passar do tempo, e apesar das melhorias possibilitadas, o SISS foi, aos poucos, deixando de ser usado pela equipe. Isto porque, como ocorre em várias outras unidades de Serviço Social, diversos obstáculos se impuseram ao estabelecimento de uma efetiva incorporação das TIC ao trabalho. O processo de informatização do setor não foi acompanhado de um processo de qualificação dos profissionais e de alocação de recursos adequados ao trabalho. A instituição em que a experiência foi conduzida não dispunha das condições que favorecessem uma incorporação efetiva das TIC ao Serviço Social. A ausência de qualificação e das condições adequadas de trabalho passou a criar problemas e aumentar a resistência ao uso do sistema, tendo em vista os defeitos que passaram a acontecer por conta da ausência de uma manutenção contínua no equipamento existente. Constatou-se, portanto, que se o processo de incorporação de tecnologia não for acompanhado de atividades de formação e capacitação, com o efetivo envolvimento do profissional, e com a disponibilização de condições adequadas de trabalho, equipamentos e suprimentos, as possibilidades de sucesso serão muito poucas.

Verificou-se, portanto, um retorno aos procedimentos tradicionais de trabalho, tais como livro de ocorrências, cadastro de recursos em agendas impressas, fichas de papel, uso de arquivos manuais, dentre outros, demonstrando que as possibilidades de uso das TIC são históricas, dependendo em grande medida das condições objetivas e subjetivas existentes e disponíveis às profissões que desejam se apropriar deste recurso. A efetiva apropriação das TIC pelas profissões não é um ato de vontade apenas, e a ausência de investimentos em infraestrutura e em formação e qualificação dos profissionais tornam tal apropriação um grande desafio a ser superado.

A apropriação das TIC no trabalho é possível e viável, no entanto, demanda que a equipe de profissionais disponha das condições objetivas e subjetivas necessárias, o que pode potencializar o desenvolvimento de suas competências e atribuições, fortalecer o compromisso com os objetivos profissionais e consolidar os valores éticos que orientam seu trabalho. Este recurso contém forte potencial de contribuição, desde que os profissionais estejam preparados para utilizá-lo, não só do ponto de vista técnico, mas, sobretudo, crítico. As competências profissionais não podem ser reduzidas ao domínio do recurso tecnológico apenas, mas envolver, também, a competência crítica que permita uma apropriação do recurso tecnológico como elemento potencializador, capaz de estimular, constituir e aprimorar modalidades de atuação profissional criativas e inovadoras.

2.3 Temas e questões no processo de incorporação das TIC ao trabalho

2.3.1 Entre informatização e apropriação

Em geral, processos de incorporação das TIC são acompanhados de processos de informatização. Tomados como um estágio anterior ao processo de apropriação das TIC,podemos entender a informatização como a presença de um conjunto mínimo de recursos tecnológicos, na maioria computadores, dos quais os profissionais podem lançar mão para planejar, executar e avaliar suas atividades.

A mera existência de um processo de informatização e a simples presença de recursos tecnológicos não significam que as TIC tenham sido apropriadas pelos profissionais, sendo necessário, para isso, que, dentre outros fatores, seu uso não esteja restrito à automatização de tarefas e atividades, ou à substituição de profissionais por computadores e/ou máquinas. Uma forma de se pensar a apropriação das TIC refere-se aos efeitos que estas podem proporcionar em termos de economia de tempo e de recursos, como racionalização do trabalho, ou como fator gerador de competitividade e produtividade, dentre outros princípios representativos da lógica capitalista produtivista e quantitativista que toma conta dos processos de gestão contemporâneos, tanto públicos quanto privados. Mais do que buscar a satisfação de interesses gerenciais, é pertinente preocupar-se, também, com as condições necessárias e favoráveis à satisfação das demandas dos usuários dos serviços e ações profissionais, podendo caber às TIC um papel importante neste sentido. Trata-se, portanto, de entendimento que se aproxima do que afirma Albuquerque:

> A informática hoje não pode ser considerada apenas um processo de registro, processamento e distribuição imediata de informações, uma tecnologia que serve ao capitalismo global. Precisa ser utilizada como um instrumento decisivo de democratização, um meio de socialização de informações e decisões, uma garantia de democracia cultural para a população à margem dos processos de modernização. Pode reforçar o seu poder de compreensão e controle sobre a realidade.[49]

Muitos profissionais indicam a existência, em seus locais de trabalho, de processos de informatização precários, parciais, em fase de implantação, evidenciando apenas tentativas ou intenções de incorporação do potencial oferecido pelas TIC ao trabalho. Tais intenções muitas vezes aparecem de forma

[49] ALBUQUERQUE, J. M. S. Informática em Serviço Social como instrumento de democratização da cultura. *Anais do 8º Congresso Brasileiro de Assistentes Sociais*. Salvador: Conselho Federal de Serviço Social, 1995. p. 298.

conturbada e confusa, sem um conhecimento mais preciso acerca das noções e significados presentes no campo das TIC, o que pode ampliar os obstáculos para o reconhecimento de sua importância para o trabalho.

Outro ponto interessante refere-se à participação dos profissionais nos processos de informatização. Muitas vezes, os principais canais de participação restringem-se ao acompanhamento da implantação de programas específicos e à inserção em cursos e programas de treinamento. Atividades como planejamento e parametrização de programas e sistemas, ou ainda proposição e solicitação de bancos de dados, sistemas, aplicativos específicos, participação em redes são pouco frequentes, caracterizando um uso bem restrito e limitado destas tecnologias.

O envolvimento dos profissionais com o processo de apropriação e aplicação das TIC deve ser tratado como um fator de grande relevância. Considera-se importante identificar se os profissionais vêm tendo alguma participação ativa neste processo ou se costumam ficar aguardando que outros sujeitos o definam e o conduzam. Isso não significa que os profissionais tenham que dominar conhecimentos específicos da área tecnológica, mas apropriar-se de um conteúdo mínimo que lhes permita desenhar os traços gerais tanto de um processo de informatização mais restrito, quanto, numa perspectiva maior, uma apropriação ampla e consistente das TIC. Não são raras as experiências de informatização impostas de forma autoritária, conturbada, precária e improvisada, sem recursos, suporte e acompanhamento adequados. Tais posturas expressam a ausência de participação dos profissionais na construção deste processo de informatização e, consequentemente, inviabilizam um processo de apropriação mais efetiva e crítica das TIC.

Os processos de informatização podem, ainda, acontecer por determinação externa, alheia às demandas dos profissionais que irão utilizar os recursos tecnológicos, e operacionalizados por setores de informática ou de TI, que em geral desconhecem as reais demandas destes profissionais. O caráter impositivo deste processo tende a reforçar a ausência de uma participação mais efetiva dos profissionais. Além disso, processos de informatização que não são frutos de reivindicações caracterizam uma incorporação superficial, marcada pela inexistência de um envolvimento consciente e consistente dos profissionais nos processos de informatização.

Neste sentido, ainda que processos de informatização sejam operados, isto não significa a prevalência de uma apropriação crítica e efetiva das tecnologias da informação e comunicação pelos profissionais envolvidos nestes processos. Absorvidas como decorrência de imposições, determinações externas, autoritárias e dissociada das reais necessidades dos profissionais e usuários, as TIC servem muito mais como instrumento de controle e opressão do que de emancipação e defesa de direitos. A potencialização originada com este tipo de uso não tem por objetivo a defesa dos valores presentes nos projetos profissionais, mas a dos valores que sustentam relações sociais marcadas pela desigualdade.

2.3.2 A resistência ao uso das TIC

É possível notar certa resistência em relação ao uso das TIC por parte de alguns profissionais. Muitas vezes, a resistência refere-se à incompreensão da importância deste recurso para o trabalho, entendendo que tal recurso não teria qualquer utilidade para o desenvolvimento das atividades profissionais.

Trata-se de uma postura que tem estado presente entre alguns profissionais e que vem sendo reproduzida devido a uma série de fatores, dentre os quais se pode sugerir a falta de condições adequadas e a ausência de uma problematização consistente sobre o tema no âmbito da formação profissional. Muitos profissionais que admitem deter esta postura de resistência em relação às TIC consideram que se o tema estivesse mais presente na formação profissional (inclusive com a existência de cursos e espaços de reflexão sobre os usos de tais recursos em seu trabalho cotidiano), ela poderia diminuir.

É evidente que a resistência dos profissionais ao uso das TIC deve-se a diversos fatores, não sendo consequência exclusiva de um único fenômeno. Dentre eles, podem-se destacar: as formas concretas de utilização das tecnologias no sentido de substituir trabalhadores por máquinas e computadores; as características culturais relacionadas ao sexo, idade; e, também, as condições de trabalho, que, muitas vezes, não são disponibilizadas aos profissionais nem de forma adequada, nem em quantidade e qualidade suficientes.

No entanto, não há como deixar de apontar a pouca presença do tema na formação profissional como um dos mais relevantes elementos que propiciam e reproduzem essa resistência. Na medida em que houver uma reflexão sobre a importância das TIC no âmbito da formação profissional, torna-se possível o seu tratamento como elemento estratégico, principalmente por permitir a apreciação das possibilidades de uso deste recurso no trabalho cotidiano. Isso não significa, no entanto, que a presença do tema na formação profissional acabe, sozinha, com a resistência de profissionais, mas ela pode exercer um papel fundamental na sua superação.

Outro fator que pode ser considerado gerador de resistência às TIC refere-se à faixa etária em que se encontram muitos profissionais. É possível sugerir uma tendência de que a resistência seja maior entre profissionais mais velhos, que, a princípio, teriam mais dificuldades para aprender e para se apropriar das novas tecnologias, enquanto os mais jovens, por outro lado, teriam mais facilidade e predisposição às inovações trazidas pela tecnologia. Tais observações, no entanto, são polêmicas e provisórias, e por isso, a tendência acima referida precisa ser investigada de forma cuidadosa, e apreciada de modo rigoroso, pois é possível identificar uma série de experiências de apropriação das TIC no campo da Terceira Idade, que permitem contestá-la com relativa facilidade.[50]

[50] Conferir, por exemplo, a obra de KACHAR, Vitória. *Terceira idade e informática*: aprender revelando potencialidades. São Paulo: Cortez, 2003.

Para o senso comum, a questão da idade é percebida como um obstáculo para o processo de incorporação das TIC ao trabalho, tendo por base a ideia fortemente difundida de que os mais jovens têm melhores condições de usar as tecnologias do que os mais velhos. Em geral pressupõe-se que profissionais mais jovens estão prontos para incorporar as TIC ao trabalho, e, por outro lado, aqueles profissionais que se encontram em faixas etárias mais elevadas ou inseridos há muito tempo no mercado de trabalho, e acostumados com rotinas, procedimentos e prática tradicionais, teriam mais dificuldades para operar tal incorporação. Tal questão refere-se à relação entre as TIC e a categoria geração, e consiste num relevante objeto de pesquisa e investigação.

A resistência ao uso das TIC tem estado presente entre alguns profissionais, a despeito de sua potencialidade para o trabalho. Trata-se de uma questão que, certamente, merece aprofundamento futuro, pois ilustra o conjunto de dificuldades e obstáculos que se colocam à efetiva e consistente apropriação deste recurso.

Em diversas instituições e organizações pode-se constatar uma grande exigência em relação ao uso das TIC, tendo em vista as transferências de diversas atividades para o ambiente tecnológico. Muitas vezes tais transferências ocorrem sem ser acompanhadas por um processo de qualificação e envolvimento com o novo recurso, além de não haver, também, uma disponibilização de equipamentos em quantidade e qualidade suficientes. É nesse sentido que a questão das condições de trabalho mostra-se tão importante, já que elas constituem-se como um dos elementos fundamentais para a efetivação da incorporação das TIC.

Apesar de muitos profissionais considerarem que as TIC têm uma grande importância para as suas profissões, boa parte deles, em muitos casos, não consegue efetivamente utilizá-la, tendo em vista a sua inexistência ou escassez. Tais condições, por sua vez, criam uma aparência de resistência ao uso das TIC, quando na verdade o que ocorre é uma enorme dificuldade em utilizá-la, tendo em vista os diversos obstáculos que se põem a seu acesso. Assim, tanto a existência de condições de trabalho adequadas, quanto o incentivo ao uso das TIC, são aspectos fundamentais para que este recurso seja adequadamente incorporado e aplicado no trabalho profissional.

2.3.3 Condicionantes da apropriação das TIC

A forma hegemônica de imposição da tecnologia ao conjunto da sociedade por parte dos grupos dominantes condiciona fortemente os usos possíveis desses recursos tecnológicos pelo conjunto dos trabalhadores. Da mesma forma, as transformações societárias pelas quais a sociedade capitalista vem passando desde a década de 1970, principalmente aquelas que se referem à desresponsabilização e ao desmonte do Estado e à reestruturação produtiva, exercem grande influência sobre as modalidades possíveis de incorporação das TIC pelos trabalhadores.

Apesar de não desconsiderar a existência e influência destes aspectos estruturais, o que se pretende, neste momento, é apresentar alguns elementos mais específicos e pontuais que condicionam a incorporação do recurso tecnológico aos processos de trabalho.

Considera-se que o uso das TIC pressupõe a existência, no âmbito da atuação profissional, de algumas condições fundamentais. De forma geral, apontam-se três elementos básicos que tornam possível a sua incorporação ao trabalho: vontade e interesse dos profissionais em utilizar as tecnologias; existência de condições de trabalho adequadas; existência de formação profissional voltada para o tratamento deste tema.

A formação profissional tem um papel importante para uma adequada incorporação das TIC ao trabalho, e precisa dar conta das principais questões referentes não só ao uso operacional do recurso técnico, mas também à desmistificação e superação da resistência em relação ao seu uso, demonstrando as possibilidades e efeitos positivos de sua adequada utilização. É significativa a importância de disciplinas nos cursos de graduação e pós-graduação, capacitações, cursos, palestras e espaços de discussão e reflexão sobre esta temática como forma de qualificação e como possibilidade de combate à resistência ao uso das TIC, possibilitando uma maior aproximação dos profissionais a este tema. Destaca-se, também, a importância de se socializar e disseminar as experiências existentes sobre o uso das TIC pelos profissionais nos diversos contextos e situações, como forma de discutir e definir estratégias para ampliar sua incorporação, reforçando a necessidade de um investimento de profissionais e docentes no sentido de se qualificarem para incorporar e difundir a importância desse recurso. Assim, no que se refere à formação profissional, mais do que a simples inclusão do ensino de informática nos currículos, faz-se necessária a adoção de propostas que conduzam à qualificação da apropriação das TIC e à criação de espaços de discussão sobre o tema, em que sejam apresentadas, analisadas e problematizadas experiências de aplicação dessa tecnologia ao exercício profissional.

Outro fator que possibilita a apropriação das TIC ao trabalho refere-se à existência de condições adequadas, que disponibilizem recursos físicos, materiais e humanos em quantidade e qualidade necessárias para a condução das atividades. As condições de trabalho são vistas como de grande relevância, principalmente se forem tomadas em articulação com uma formação profissional sintonizada com as demandas da profissão, e capazes de dar conta das necessidades de aprendizado sobre o uso das TIC.

O terceiro fator que possibilita a incorporação das TIC refere-se à iniciativa dos profissionais em relação ao seu uso. A ausência de iniciativa ou interesse do profissional em incorporar a seu trabalho o potencial oferecido pelas tecnologias é uma das expressões da resistência à utilização das TIC. Esta incorporação, além de trazer melhorias na realização do trabalho, contribui também para atualizar o profissional, alterando seu perfil, modernizando suas modalidades de atuação, articulando-o às práticas e tendências inovadoras e consolidando sua presença no mercado de trabalho. Em muitos casos, a incorporação das TIC é tomada como um elemento que condiciona a própria permanência do profissional no mercado de trabalho, tendo em vista, principalmente, o fato de que diversas profissões já vêm realizando tal incorporação.

2.3.4 A formação profissional

Um dos principais fatores no processo de incorporação das TIC ao trabalho é o tratamento deste tema na formação profissional. Ainda se constata certa ausência do tratamento desta questão nos processos de formação profissional em diversas áreas, seja no âmbito da graduação, seja no da pós-graduação. Por outro lado, quando o tema aparece apresenta-se de forma superficial e reduzida a oficinas, tópicos ou laboratórios, limitando o aprendizado dessa matéria ao uso e treinamento em alguns programas mais conhecidos, tais como editores de texto e planilhas eletrônicas. Pode-se sugerir, portanto, que a questão da relação das profissões com as tecnologias digitais e seu uso ético nas diversas práticas profissionais para acelerar o processo de democratização de nossa sociedade tem sido pouco discutido nas salas de aula como componente essencial da formação profissional.

Uma incorporação efetiva das TIC pressupõe um processo de formação profissional que contemple tanto os aspectos gerais que conformam os usos sociais possíveis da tecnologia, quanto as potencialidades presentes em tal recurso a serem apropriadas pelas profissões. Isso significa ultrapassar a mera capacitação técnica ou o mero aprendizado dos aspectos operacionais das inovações tecnológicas. Embora sejam dimensões necessárias à formação, elas não esgotam as possibilidades inerentes a tais recursos, demandando a sua articulação com questões concretas presentes no cotidiano profissional e com os princípios e valores fundamentais a cada profissão.

Apesar desta relativa ausência do tema na formação profissional em geral, muitos profissionais, por meio de iniciativas individuais e pessoais, realizam qualificações em relação às TIC, como cursos de introdução à informática, com ênfase nos pacotes de editores de texto, planilhas eletrônicas e aplicativos de bancos de dados mais conhecidos, em boa parte das vezes dentro das próprias instituições empregadoras, principalmente quando há implantações ou modificações nos sistemas com que trabalham. Em muitos casos, inclusive, esta qualificação em relação às inovações tecnológicas, tem início após o momento da graduação, quando já inseridos no mercado de trabalho.

As TIC devem ser incorporadas ao exercício profissional tendo em vista os desafios e demandas nele presentes. Faz-se necessária uma apropriação destas tecnologias pensada a partir das necessidades identificadas nos próprios processos de trabalho. As universidades, nesse sentido, podem contribuir para este processo de apropriação, decifrando e construindo, a partir das demandas postas no cotidiano, possibilidades de uso das TIC no trabalho profissional. É necessário aumentar as opções de qualificação e aperfeiçoamento na área, intensificando, também, pesquisas, investigações e reflexões sobre o recurso tecnológico e sobre as suas possibilidades de uso no trabalho, contribuindo, desta forma, para viabilizar a concretização do potencial que as TIC possuem para o aprimoramento do trabalho.

Considerar o tratamento das TIC importante na formação profissional não significa que este recurso deva ter primazia sobre os demais conteúdos que integram os processos de formação profissional das diversas profissões. O recurso tecnológico deve ocupar posição compatível com a relevância das outras dimensões, competências, habilidades e instrumentos que integram o o trabalho, demonstrando que a prioridade não reside na tecnologia, de forma autônoma, mas no projeto profissional, nos valores e nas referências fundamentais das profissões. Chama-se a atenção para o fato, já sinalizado, de que o recurso tecnológico constitui-se como uma das mediações presentes no exercício profissional, devendo, portanto, ser considerado em conjunto com os demais aspectos que integram o que Neto chamou de "sistema de mediações concretas que forma a rede em que se constitui a unidade de intervenção".[51] Pensar as TIC como mediação significa tomá-las como um elemento pelo qual se pode, nas singularidades da intervenção profissional, elaborar indicativos teórico-práticos de intervenção imediata, vinculados aos objetivos, finalidades e valores profissionais e humano-genéricos. Ou ainda, nos termos de Guerra, um fator que "permite acionar, potencializar os diversos elementos que compõem a cultura profissional".[52]

O profissional articula, mobiliza e potencializa, em seu trabalho, uma série de mediações. Podendo ocupar um lugar importante nesse âmbito, as TIC podem ser entendidas como uma mediação que permite, no jogo das contradições presentes na sociedade capitalista, alcançar as finalidades existentes no projeto profissional. Assim, uma formação profissional que se preocupe com o tratamento das TIC pode tomá-la como um aspecto complementar da formação profissional, necessária na medida em que permite uma articulação e um aprofundamento das diversas competências profissionais, e não como o principal elemento do processo formativo.

Ao mesmo tempo que se deve atribuir importância à qualificação em relação às tecnologias e à reflexão sobre os seus usos e aplicações possíveis no trabalho, deve-se, também, investir no esforço de formular indicações sobre a construção de uma articulação das TIC com questões presentes no cotidiano do trabalho

[51] NETO, José Menelau. Desemprego e luta de classes: as novas determinidades do conceito marxista de exército industrial de reserva. In: OLIVEIRA, Manfredo; TEIXEIRA, Francisco (Orgs.). *Neoliberalismo e reestruturação produtiva*. São Paulo: Cortez/UECE, 1996. p. 91.

[52] GUERRA, Yolanda. Instrumentalidade do processo de trabalho do Serviço Social. *Serviço Social e sociedade*, São Paulo: Cortez, n. 62, p. 23, 2000.

profissional, buscando conhecer sua aplicabilidade aos diversos contextos e situações inerentes a cada profissão.

Se, por um lado, muitos cursos de graduação vêm introduzindo disciplinas, oficinas ou tópicos de conteúdo sobre informática e tecnologias em seus currículos, por outro, o conteúdo trabalhado, muitas vezes, limita-se ao treinamento e capacitação em alguns programas mais conhecidos. Considera-se que essa postura de redução do ensino das tecnologias a treinamento nos *softwares* mais difundidos é inadequada, pois deixa de lado um dos desafios mais importantes, que é pensar a aplicação dos novos recursos tecnológicos no sentido de potencializar o trabalho e o exercício profissional nas diversas organizações e instituições. Assim, a forma mais adequada de apropriação das novas tecnologias seria oferecer aos estudantes a oportunidade de praticar a concepção e a construção de aplicações, promovendo, ao longo do processo, uma articulação das potencialidades tecnológicas com alguns aspectos relevantes das suas profissões, tais como objeto, objetivos, finalidades, métodos, estruturas burocráticas, sistemas de decisão, funções e atribuições referentes ao trabalho profissional, dentre outros.

De forma geral, aponta-se a importância de cursos e capacitações, que, embora sejam um passo inicial importante para a apropriação das TIC, não podem prescindir de momentos de elaboração e avaliação de possibilidades de aplicação concreta da tecnologia a problemas vivenciados pelos profissionais. Assim, a qualificação não deve consistir apenas em aprender os procedimentos necessários para utilizar, por exemplo, os computadores. Mais do que isso, deve proporcionar a descoberta dos usos possíveis e inovadores das TIC pelas diversas profissões, absorvendo-as e adequando-as às necessidades dos seus respectivos projetos profissionais.

A presença das TIC na formação profissional é uma condição de grande importância, embora não a única, para que o processo de incorporação de tais tecnologias ao trabalho se efetive de forma rica e consistente. O tratamento deste tema no âmbito da formação profissional pode ser apontado como fundamental para que os profissionais tenham condições de efetuar uma apropriação crítica e consistente deste recurso.

2.3.5 As condições de trabalho

Como já apontado, a informatização não significa automaticamente a incorporação do potencial oferecido pelas TIC, o que só ocorrerá na medida em que os profissionais tiverem condições de se apropriar crítica e criativamente de seus recursos. Isso demanda uma série de esforços que envolvem existência de condições adequadas de trabalho, envolvimento com o trabalho, vontade política, formação e qualificação profissional contínuas, dentre outros. Tais condições nem sempre estão disponíveis aos profissionais, o que proporciona sérias dificuldades para a incorporação das TIC. Assim, pensar as possibilidades desta incorporação supõe conhecer as condições de trabalho em que os profissionais se encontram, já que estas condicionam o processo de apropriação.

A existência de condições adequadas, embora não seja pré-requisito único e absoluto para uma apropriação das TIC, pode ser considerada aspecto básico, pois de fato expressa a presença ou não de fatores materiais e objetivos mínimos a um processo de incorporação.

As dificuldades encontradas no cotidiano, no que se refere às condições de trabalho, espalham-se pelo conjunto dos trabalhadores e são ocasionadas por uma série de processos históricos e sociais. Tais dificuldades se expressam em diversos problemas facilmente identificados nas instituições e organizações empregadoras: inadequação de espaço e estrutura física; inexistência ou insuficiência de recursos materiais e humanos; ausência de bom relacionamento com os integrantes da equipe, chefia, direção e demais profissionais; carga horária de trabalho excessiva; inexistência de políticas públicas voltadas ao atendimento das necessidades da população usuária; dentre outras.

A existência de condições adequadas de trabalho, para além da disponibilidade de equipamentos ou recursos materiais, refere-se, também, à existência de condições favoráveis de convívio profissional e de construção de uma proposta de trabalho participativa, que, em conjunto com as políticas públicas existentes, possam contemplar, democraticamente, os diversos interesses envolvidos no trabalho e gerar algum tipo de mudança na realidade social.

É comum identificar em muitas instituições empregadoras insuficiências ou lacunas nas condições de trabalho, caracterizando-se, em muitas delas, a falta de disponibilidade de requisitos necessários para a atuação profissional, o que pode produzir situações de sobrecarga de trabalho, estresse e tensão. As condições de trabalho nas quais muitos profissionais estão inseridos podem ser consideradas fator de grande importância na incorporação das TIC, e, muitas vezes, sua existência ou inexistência pode ser explicada por aspectos como inserção da instituição no campo das políticas sociais, na contradição entre capital e trabalho, nas prioridades governamentais etc. Desta forma, a existência ou não de tais condições não depende apenas da ação do profissional, mas de diversos outros fatores.

Apesar da existência de inúmeras dificuldades, muitos profissionais vislumbram possibilidades de incorporação das TIC ao trabalho, o que demonstra uma tentativa de superar os problemas reais existentes no cotidiano. Dentre esses problemas merecem destaque a inexistência ou dificuldade de acesso a computadores, impressoras, suprimentos, e a pouca incidência de espaços de qualificação na área.

As condições de trabalho são um fator importante para a incorporação das TIC ao exercício profissional. Em geral a maior presença de tecnologias se dá em espaços e ambientes em que existem condições de trabalho consideradas adequadas pelos profissionais, e, por outro lado, se faz menos presente em espaços em que tais condições são consideradas insuficientes. Isso demonstra a influência das condições de trabalho sobre o processo de incorporação das TIC. Nesse sentido, a existência de condições adequadas pode ser considerada um importante fator no processo de incorporação das TIC ao trabalho, o que sugere que tal incorporação não consiste apenas num ato de vontade do profissional, mas depende, também, da existência de condições objetivas que permitam a sua efetiva incorporação.

O potencial das TIC para o trabalho profissional é mais bem absorvido na medida em que se disponha de condições de trabalho adequadas. Não se trata, no entanto, de reivindicar a mera injeção ou alocação de recursos tecnológicos modernos, como computadores, impressoras, câmeras etc., mas sim programar uma política de incorporação da tecnologia que contemple as várias dimensões presentes neste contexto. A apropriação das TIC tende, portanto, a acompanhar o processo mais amplo de fortalecimento e desenvolvimento profissional, como um dos aspectos que compõem tal processo, e não o principal ou o mais importante.

Promover uma apropriação das TIC ao trabalho demanda pensar, de forma mais abrangente, o papel e o impacto das condições de trabalho. Isso não significa, no entanto, que basta a mera existência de condições materiais de trabalho adequadas para que essa apropriação ocorra. Em articulação com tais condições, e como forma de complementá-las, é que se considera importante a existência de um processo de formação profissional que dê conta das demandas e necessidades de cada profissão, e que auxilie esse processo de incorporação das TIC ao trabalho.

Discorda-se, portanto, da postura que sustenta que a incorporação das TIC ao trabalho depende fundamentalmente de iniciativas pessoais dos profissionais, ou ainda, seja produto da sua vontade pessoal. Mais do que isso, é necessária a construção de uma proposta abrangente e coletiva de inserção deste tema na agenda das profissões, pensando sua importância no âmbito da formação profissional e, sobretudo, articulando-a à discussão sobre as condições de trabalho que possibilitam a incorporação concreta das TIC ao trabalho.

2.3.6 Construindo a apropriação das TIC

Dentre os desafios presentes na construção de um processo de apropriação das TIC, merecem destaque a falta de recursos, falta de vontade política, instalações inadequadas e resistência dos profissionais. Questões como falta de estrutura física e inexistência de equipamentos adequados e suprimentos são sempre citados por profissionais que tentam incorporar este recurso ao seu trabalho. No entanto, dentre os fatores que podem possibilitar uma incorporação das TIC ao trabalho, pode-se destacar: interesse da instituição e do gestor; existência de equipamentos e recursos institucionais; existência de recursos humanos qualificados, que possam implantar e dar continuidade ao processo de incorporação das TIC; maior empenho por parte de coordenações na aquisição de recursos e implantação de aplicativos, programas e soluções.

Algo que deve ser buscado é a apropriação das TIC extrapolando os limites de uma preocupação tecnicista, gerencial ou mistificadora deste recurso. Um dos desafios consiste em reforçar a superação da concepção das TIC que as reduzam a ferramentas de racionalização do trabalho e de mera adequação aos novos tempos. O debate sobre as tecnologias da informação e comunicação precisa ter como horizonte a superação de posturas mistificadoras, avançando no sentido de incentivar um processo de apropriação crítica do recurso tecnológico a processos de trabalho e de formação profissional.

A utilização das TIC pode dar-se extrapolando funções meramente rotineiras, burocráticas e gerenciais, sem limitar-se a processos de automatização e padronização que empobrecem e esvaziam o trabalho realizado pelos profissionais. Seu uso pode impulsionar o exercício profissional, contribuindo para o seu desenvolvimento e aprimoramento, em suas diversas dimensões, na execução propriamente dita, mas também nas dimensões de elaboração, planejamento e avaliação das ações desenvolvidas. Aponta-se, assim, para a importância de conhecer e investigar as possibilidades atuais e inovadoras de aplicação das TIC, sugerindo uma reflexão sobre os modos de utilização que já vêm sendo operados em políticas, instituições e organizações.

Diversas profissões vêm efetuando tentativas de apropriação das TIC, marcadas pela incidência de limites, obstáculos e desafios, mas também de perspectivas instigantes e promissoras no sentido de proporcionar o aprofundamento e aprimoramento do seu trabalho. A articulação com as TIC deve ser incentivada, aprofundada e consolidada, tendo em vista não apenas a possibilidade de utilização competente, mas, sobretudo, crítica e articulada aos princípios e objetivos de cada profissão.

2.3.7 A competência crítica no uso das TIC

O acesso a computadores, *softwares*, programas e aparatos digitais, por si só, não caracteriza uma efetiva e consistente apropriação das TIC. Ter acesso à Internet e aos computadores, por exemplo, é um passo inicial, indispensável, mas insuficiente. O mero contato propiciado pelo acesso pode não gerar a apropriação efetiva e adequada do potencial ofertado pelas TIC. Como lembra Barreto,[53] um sério problema presente no uso das novas tecnologias é o acesso a elas na condição de usuário ou consumidor apenas. Isso significa que é possível, por exemplo,

[53] BARRETO, R. G., LEHER, E. M. T.; NOGUEIRA, E. S. Formação baseada em competências e tecnologias da informação e comunicação: o paradigma (neo)tecnicista. In: *VI Colóquio sobre Questões Curriculares e II Colóquio Luso-Brasileiro sobre Questões Curriculares* – Currículo: pensar, inventar, diferir. Rio de Janeiro: UERJ, 2004.

que o acesso à Internet se realize apenas numa perspectiva de consumo, não havendo, desta forma, uma real incorporação ao seu trabalho, que possa possibilitar-lhe um desenvolvimento e/ou aprimoramento. Neste sentido, a observação realizada por Souza mostra-se relevante, ao apontar a necessidade de se elaborar uma crítica contundente às posturas que pensam a relação com a informática:

> Fundadas ora em uma interpretação acrítica e apolítica da informática, orientada simplesmente para o uso desse recurso numa perspectiva integrada ao consumismo, ora a denúncia pura e simples desse processo. Em ambas versões, o debate sobre a informática acaba sendo visto como um fenômeno restrito aos aspectos mais visíveis e óbvios dos novos padrões de consumo da sociedade contemporânea.[54]

Como forma de evitar o que Tapajós qualificou como "perversos efeitos da assimilação acrítica e alienada destas potencialidades tecnológicas", que culminam geralmente na "exacerbação consumista e no uso paripatético" de tais potencialidades,[55] atenta-se para o fato de que uma real apropriação das TIC depende menos (embora dele não se possa prescindir) do acesso físico aos equipamentos, e mais da capacidade de absorver criticamente as possibilidades disponibilizadas por estas tecnologias. Essa capacidade, por sua vez, estará diretamente vinculada à existência de condições adequadas, dentre elas um processo de formação e qualificação profissional que estimule e desenvolva as competências teórica, técnica e política, não se limitando a momentos de capacitação em serviço ou treinamento. Trata-se de propor um modo de objetivação das TIC que passe pela análise das condições de sua inserção nos processos de trabalho, condições necessárias à sua efetiva incorporação e apropriação em conformidade com os pressupostos profissionais presentes nos projetos profissionais.

Não se trata, portanto, apenas de evidenciar, no uso das TIC, a competência tecnológica, mas, também, e fundamentalmente, a competência crítica que permita uma real apropriação deste recurso com vistas a estimular modalidades de trabalho criativas, competentes e inovadoras. Com esse pressuposto, evita-se o risco de dispor-se de tecnologia e não se conseguir efetivamente utilizá-la, por conta da insuficiência ou inexistência de profissionais qualificados e de condições objetivas de trabalho que permitam a criação de novos usos e formas de utilização. A ênfase, portanto, deve recair na possibilidade de se promover uma integração das TIC aos processos de trabalho, o que pode ser incentivado pela formação profissional e pelo trabalho com o recurso tecnológico.

Faz-se necessário, portanto, atentar para os modos pelos quais se dão o acesso e o uso das TIC, buscando priorizar sua inserção no trabalho em sintonia com o fortalecimento e a melhoria da qualidade dos serviços e atividades realizadas, consolidando a apropriação do seu potencial no sentido de contribuir para a

[54] SOUZA, P. C. Serviço Social e informática. In: CEFESS; ABEPSS; CEAD/UNB. (Org.). *Capacitação em Serviço Social*. Brasília, UnB, v. 4, p. 258, 2000.

[55] TAPAJÓS, L. M. Pensando tecnologia e sociedade. [s/l]: [s/d], mimeo, p. 15.

construção e consolidação de novas perspectivas profissionais transformadoras e emancipatórias.

2.4 As políticas sociais e as TIC

2.4.1 Notas sobre neoliberalismo e política social

A reflexão sobre as políticas sociais na atualidade pressupõe a abordagem, ainda que breve, do conjunto de mudanças e alterações que vêm atingindo as relações entre Estado e sociedade civil, muitas das quais em decorrência do advento do projeto neoliberal e de estratégias de combate à crise estrutural do capital surgida a partir da década de 1970, tais como a reestruturação produtiva, a reforma do Estado e o aberto combate ao trabalho.

No contexto de crise, o capital reage atacando fortemente o trabalho, com vistas a aumentar os níveis de extração de mais-valia, intensificando a exploração e diminuindo os custos de produção pela redução de gastos atrelados ao salário. De uma maneira geral, o neoliberalismo pretendia acabar com a intervenção do Estado sobre a economia, liberando o capital para livremente se desenvolver e reproduzir. Tal "liberação" implicava redução, quando não eliminação, dos direitos trabalhistas, por meio da chamada desregulamentação, além da flexibilização das relações de trabalho, tendo por consequência o recrudescimento de fenômenos como subcontratação, precarização, e horizontalização, e levando a maiores complexificação e heterogeneização do trabalho, configurando diversas metamorfoses no mundo do trabalho.[56] São fenômenos que levaram a um enxugamento do trabalho, à sua "liofilização",[57] gerando aumento da desigualdade e da pobreza, e ocasionando sérias consequências para a formação das identidades individuais, que, como observou Telles,[58] são constituídas a partir de suas conexões com o trabalho e com o conjunto de relações sociais acessadas por seu intermédio.

Se antes o contexto era de certa "segurança social", a partir do novo processo de reestruturação do capital (determinado tanto pela crise de acumulação do capitalismo quanto pela crise do socialismo real) este passa a ser de "insegurança", como destacou Mattoso .[59] Trata-se, portanto, de um contexto no qual o trabalho sofre duros ataques por parte do capital, como forma de criar novas condições para que o processo de acumulação continue, e para que as taxas de produtividade e de extração de mais-valia sejam elevadas.

As consequências do neoliberalismo foram drásticas, ressaltando-se dentre elas o aumento das desigualdades sociais devido ao desemprego e à forte concentração de renda. O novo modelo de acumulação posto em prática com a reestrutu-

---

[56] ANTUNES, Ricardo. *Adeus ao trabalho?* 5. ed. São Paulo: Cortez, 1998.
[57] ANTUNES, Ricardo. *Os sentidos do trabalho*. 2. ed. São Paulo: Boitempo, 2000.
[58] TELLES, Vera. Pobreza e cidadania: precariedade e condições de vida. In: *Terceirização*: diversidade e negociação no mundo do trabalho. São Paulo: HUCITEC/CEDI-NETS, 1994.
[59] MATTOSO, Jorge. *A desordem do trabalho*. São Paulo: Scritta, 1996.

ração do capital, a "acumulação flexível",[60] fomenta o desemprego, a pobreza e a miséria, resgatando antigas formas de exploração do trabalho (baseadas na extração de mais-valia absoluta) e articulando-as com formas contemporâneas de exploração (baseadas na extração da mais-valia relativa). Como mostrou Teixeira,[61] o fenômeno do "salário por peça" assume novas configurações no atual contexto. De acordo com o autor, as grandes corporações contam com uma rede de pequenas e microempresas espalhadas ao seu redor. Tais corporações dispõem, assim, de um enorme contingente de trabalhadores domésticos, artesanais, familiares, que funcionam como peças centrais de uma cadeia de "subcontratação" e constituem-se como fornecedores de trabalho "materializado", trabalho este vendido ao capital, sem que ele sequer seja realizado nas instalações fabris.

O neoliberalismo vem sendo apontado, também, como uma das principais causas do processo de desmonte das políticas sociais e pela minimização do Estado no que se refere à intervenção junto às expressões da questão social. Configura um quadro de sucateamento e precarização encontrado, sobretudo, mas não exclusivamente, nas instituições públicas, decorrentes da implementação sistemática de políticas de corte neoliberal, justificadas por uma concepção de gestão pública baseada em critérios de eficiência e eficácia determinadas pela lógica de mercado. Perceber os impactos do neoliberalismo sobre as políticas sociais é, portanto, tarefa essencial para entender as condições e potencialidades de uso das TIC neste contexto.

2.4.2 Gestão da informação

A gestão das políticas sociais públicas, no cenário atual, envolve uma série de desafios, e dentre eles destacamos a questão do tratamento de grandes volumes de informações produzidas pelo próprio desenvolvimento e aprimoramento das ações e programas constitutivos de tais políticas. O enfrentamento desta questão vem, cada vez mais, apontando a importância do uso de ferramentas tecnológicas na organização, sistematização e análise do grande volume de dados e informações disponíveis, tornando necessária aos processos de gestão de políticas a introdução de tecnologias capazes de integrar dados e informações sociais produzidos ao longo da sua condução e do seu processamento.

Inúmeros gestores têm se deparado com a recorrente demanda de tratar as informações geradas pelas políticas, criando, com isso, as condições para a estruturação de uma série de atividades de gestão que deem apoio e atendam às diversas demandas por informações estratégicas. Desta forma, o uso de instrumentos e ferramentas de gestão da informação vem se intensificando, auxiliando o acompanhamento das ações e programas sociais, a avaliação e o monitora-

[60] HARVEY, David. *A condição pós-moderna*. 2. ed. São Paulo: Loyola, 1993.

[61] TEIXEIRA, Francisco José Soares. Modernidade e crise: reestruturação capitalista e ou fim do capitalismo. In: OLIVEIRA, Manfredo; TEIXEIRA, Francisco (Orgs.). *Neoliberalismo e reestruturação produtiva*. São Paulo: Cortez/UECE, 1996.

mento das políticas, o controle social e a produção de informações estratégicas que subsidiem a tomada de decisões. As demandas postas à gestão de políticas sociais públicas na atualidade tornam imprescindível o uso de ferramentas tecnológicas que abarquem o grande volume e escala das operações necessárias para realizar e aprimorar o seu desempenho.

Verifica-se, portanto, que a informação e o seu tratamento ganham centralidade, e, com isso, sua gestão aparece como importante fator na condução das políticas públicas, permitindo, fundamentalmente: favorecer a instalação de uma nova cultura de gestão; atender necessidades de informação estratégica para gestores nos diferentes níveis; proporcionar acesso rápido às informações de todos os programas e ações sociais para os quais se tenha dados disponíveis; constituir-se como um instrumento fundamental para o planejamento estratégico das ações, programas e projetos.

A gestão da informação situa-se no contexto de incremento técnico e institucional das políticas públicas, expresso, dentre outros fatores, na crescente incorporação das novas tecnologias de informação aos seus processos. Constata-se, como observou Tapajós,[62] o crescimento cada vez mais acentuado de uma associação entre a política pública e a tecnologia, e com isso, a gestão da informação torna-se condição necessária, e não acessória, aos processos de gestão das políticas públicas. Com base no processamento de dados provenientes de múltiplas fontes, a partir de um conjunto de instrumentos e ferramentas tecnológicas de significativa complexidade, é possível produzir e distribuir informação relevante, consistente e estratégica para as necessidades da gestão, gerando processos e produtos que proporcionem alterações qualitativas nos modelos e nos resultados obtidos pelas políticas.

Para Tapajós, a gestão da informação compõe a associação entre a gestão estratégica da política e as tecnologias de informação, permitindo a obtenção e seleção de informação relevante para a instituição de processos, agilização de procedimentos, dinamização de fluxos, tomada de decisões e controle público e social dos diversos momentos e dimensões que constituem a política. Para a autora:

> A informação e sua gestão, por meio de ferramentas tecnológicas, são concebidas como mediação lógica e indispensável na ação decisória e, portanto, estratégica no contexto da política. Reconhecem-se, assim, as novas e amplas possibilidades de conjugação da Tecnologia da Informação com o campo da gestão pública. (...) Hoje podemos observar um fantástico potencial de programas e sistemas que sustentam o desenvolvimento dessas políticas de seguridade social, comprovando que é um paradigma de gestão em plena assimilação no campo da proteção social; e cada vez mais assumido como componente estratégico para o funcionamento dessas organizações.[63]

[62] TAPAJÓS, 2009, p. 304.
[63] TAPAJÓS, 2009, p. 306-307.

A informação configura-se como um importante componente do processo de gestão e controle social das políticas. Sua geração e disseminação têm como um de seus suportes fundamentais o uso das novas tecnologias da informação e comunicação, que, se adequadamente utilizadas, podem proporcionar significativas alterações nos níveis de efetivação dos direitos sociais, favorecendo a identificação de novas competências e habilidades fundamentais para que os processos de gestão das políticas públicas possam, ao atingir seus objetivos, contribuir para o enfrentamento dos desafios presentes na intervenção competente e qualificada junto às expressões da questão social na contemporaneidade.

2.4.3 A conjugação entre as TIC e as políticas sociais

A articulação entre as políticas públicas e as tecnologias de informação e comunicação tem se tornado cada vez mais marcante, como no caso da área de assistência social. Alguns dados presentes no Perfil dos Municípios Brasileiros elaborado pelo IBGE (Brasil, 2010), para a área da assistência social, ajudam a perceber esta presença: em 2009 somente 39 municípios brasileiros não possuíam qualquer computador em funcionamento nos órgãos gestores desta política. Em 2005, esse número era de 184 municípios. Observa-se, no período 2005/2009, um aumento na proporção de municípios com computadores em funcionamento em órgãos gestores da assistência social: 97,1% dos municípios declararam ter o equipamento em 2005, enquanto em 2009 essa proporção representou 99,3% do total de municípios do País. Outra ferramenta que pode ser considerada essencial para a gestão da política pública é a Internet, através da qual a comunicação entre os entes federativos e os cidadãos ganhou mais agilidade e transparência. Ainda de acordo com este Perfil, em 2005, 88,9% dos municípios brasileiros contavam com acesso a Internet no órgão responsável pela política de assistência social, dentre os quais 79,7% tinham acesso por banda larga, enquanto para 20,3% o acesso era discado. Em 2009, 98% dos municípios contavam com acesso à Internet, sendo 93,4% com conexão por banda larga e 4,7% por acesso discado.

É importante ressaltar, no entanto, que não basta introduzir as tecnologias da informação e comunicação nos processos de gestão das políticas públicas; a presença física das máquinas, computadores e aparatos informacionais, apesar de ser importante, não é, por si mesma, suficiente. Faz-se necessário provocar os diversos sujeitos envolvidos nestes processos para que haja uma intensificação no movimento de apropriação do potencial que as novas tecnologias da informação oferecem, bem como das possibilidades de configuração de novas práticas, sentidos, estratégias e modalidades de atuação. Ou seja, aproveitar as possibilidades e potencialidades oferecidas pelas tecnologias. A utilização das TIC demanda a articulação de uma série de fatores que possam potencializar mudanças e alterações significativas na condução das políticas públicas, tornando-as elementos estruturantes de novas práticas interventivas e formativas. Nesse sentido, as TIC devem ser percebidas não como um dado absoluto, como um fator técnico apenas, mas também como um fator político, atribuindo-se destaque à forma como elas são concebidas, produzidas e utilizadas. Tomar as TIC como fator político, numa perspectiva estratégica, significa, além de inseri-la no contexto em que se realizam as políticas públicas, perceber, também, as concepções e as condições que levaram a tal inserção, bem como as escolhas, procedimentos, modalidades de uso e todo o conjunto de medidas, mecanismos e dispositivos que as acompanham.

Neste sentido, dentre as perspectivas presentes nesta área, encontra-se o esforço de investigar e formular possibilidades de conjugação das novas tecnologias da informação a novas alternativas e modalidades de atuação no campo das políticas públicas, seja na dimensão interventiva, propriamente dita, seja na dimensão da aprendizagem, no sentido de aprimorar os processos de treinamento, capacitação e formação profissionais. Especificamente nesta última, é válido considerar a pertinência de uma maior atenção à geração de novas práticas interativas, novas formas de produção, difusão e proposição do conhecimento, formulando novas questões, situações e percursos, e mobilizando capacidades, habilidades e competências individuais e coletivas rumo ao aprimoramento. Ou seja, é necessário tanto analisar quanto fomentar e produzir modalidades, estratégias e alternativas de integração das novas tecnologias da informação aos processos de gestão das políticas públicas, contribuindo, desta forma, para o desenvolvimento de novas práticas relacionadas à análise e aplicação das TIC a tais processos, colaborando para sua melhoria e aprimoramento.

A título de ilustração, vale destacar a experiência de implementação de programas sociais pela Prefeitura de São Paulo, a partir de 2001, no âmbito da "estratégia paulistana de inclusão social".[64] Guerra et al.[65] demonstraram que as tecnologias foram importantes fatores na criação de um sistema de informações que auxiliou o gerenciamento de dados e informações referentes aos projetos sociais implantados junto a 110 mil famílias. Dentre os pontos positivos, os autores destacam que foi possível lidar com um complexo processo de cadastramento, evitando problemas como baixo aproveitamento das informações levantadas e alta tendência a erros no preenchimento de informações cruciais para a incorporação dos indivíduos e famílias nos programas sociais. Os autores afirmam que as tecnologias foram uma ferramenta fundamental para o gerenciamento das informações necessárias ao planejamento, à implementação e ao acompanhamento desta política pública, oferecendo: maior agilidade, flexibilidade e mobilidade no uso da informação; maior economia e segurança no seu gerenciamento; melhor aproveitamento da informação coletada; e maior visibilidade e integração na utilização das informações.

[64] POCHMANN, Marcio (Org.). *Desenvolvimento, trabalho e solidariedade*. Novos caminhos para a inclusão social. São Paulo: Cortez; Fundação Perseu Abramo, 2002. p. 19.

[65] GUERRA, Alexandre Lalau et al. Sistema de gerenciamento de informações dos programas sociais. In: POCHMANN, 2002.

2.4.4 As TIC e a política educacional

Um dos campos em que as aplicações e o potencial das TIC vem sendo mais problematizado é a educação. Em meio à discussão, alguns consensos já podem ser identificados, como, por exemplo: a ideia de que a incorporação dos computadores e recursos tecnológicos na educação não deve se voltar para a reprodução de práticas tradicionais; e a compreensão de que o uso das TIC será um fracasso se forem aplicadas apenas como ferramentas auxiliares do processo educacional.

É possível identificar uma série de efeitos positivos derivados da aplicação das tecnologias da informação e comunicação na educação, relatados por uma série de autores. Carneiro,[66] por exemplo, sinaliza que o uso das tecnologias relacionadas à educação envolve a discussão sobre sua utilização como ferramenta auxiliar no processo de ensino-aprendizagem, associada a uma análise consistente dos avanços tecnológicos. A autora destaca a importância de um questionamento dos objetivos e aplicações das tecnologias, chamando a atenção para as oportunidades positivas decorrentes de novas possibilidades de práticas educativas suscitadas pelo seu uso.

Kachar[67] segue por um caminho parecido, ao relatar um trabalho realizado com idosos em uma experiência de aprendizagem sobre e pelo computador. Afirma a autora que este recurso potencializou algumas capacidades do indivíduo, atendendo necessidades oriundas do contexto etário e cultural, e possibilitando maior autonomia e uma reapropriação da linguagem tecnológica e dos recursos computacionais básicos. A intenção, diz a autora, não foi apenas desenvolver a habilidade de operar os recursos tecnológicos, mas tornar o computador um "instrumento para a construção de outros conhecimentos pelo aluno, descobrir-se e desvelar-se com uma nova possibilidade de ser".[68]

A presença e apropriação das TIC na política educacional vêm se mostrando uma questão central, à medida que esta precisa integrar-se dinâmica e ativamente ao contexto contemporâneo, incorporando as novas tecnologias aos processos e práticas educacionais no sentido de potencializá-los. A presença das TIC na escola precisa vir acompanhada de uma articulação com outros fatores que dinamizem o seu uso de forma consistente, pensada, assumida e vivenciada pelos sujeitos do sistema educacional, criando-se, desta forma, condições para que sejam estruturados novos territórios educativos.

O sentido da aplicação das TIC na educação é, desta forma, constituir condições para potencializar a troca, a problematização, o estabelecimento de relações, a ressignificação de conceitos e temáticas, desencadeando processos de produção e socialização de conhecimentos, de aproximação entre alunos e professores,

66 CARNEIRO, Raquel. *Informática na educação*: representações sociais do cotidiano. São Paulo: Cortez, 2002.
67 KACHAR, 2003.
68 KACHAR, 2003, p. 18.

e possibilitando outras formas de comunicação, que rompam com os programas fechados e com as barreiras que separam a escola do contexto externo.[69]

Para que o potencial da tecnologia seja apropriado de forma consistente não basta que ela seja apenas introduzida na escola. A presença física das tecnologias não é suficiente. É necessário provocar a comunidade escolar para que haja uma intensificação de movimentos de configuração de novos sentidos, aproveitando as possibilidades e potencialidades oferecidas pelas tecnologias.

Com o suporte das tecnologias da informação e comunicação, os sujeitos envolvidos no processo educacional podem promover alterações e mudanças em seu fazer pedagógico, estabelecendo novas relações entre os contextos educativos, desencadeando ações que fujam dos modelos tradicionais e que envolvam outras linguagens, e recursos além dos tradicionalmente usados.

Como observou Leite,[70] vivemos, na contemporaneidade, a predominância da mídia nas atividades socioculturais. As tecnologias digitais têm presença marcante no trabalho, na vida diária e no entretenimento. O padrão comportamental mundial predominante parece ser que, nas sociedades urbanas, o consumo da mídia é a segunda grande categoria de atividade depois do trabalho e, certamente, a atividade predominante nas casas. Sendo a atividade educativa, que se realiza na escola, uma atividade sociocultural que também está exposta aos apelos das tecnologias, cabe aos educadores desvendar as formas pelas quais a mídia pode ser integrada aos processos pedagógicos.[71]

As tecnologias não devem ser usadas nas práticas educativas apenas como mais um recurso para tornar as aulas interessantes ou, ainda, distrair os alunos. Bonilla sugere que a aplicação das tecnologias no cenário educativo seja pautada no conceito pedagógico da Tecnologia Educacional, que, de acordo com a Associação Brasileira de Tecnologia Educacional, consiste:

> Em uma opção filosófica, centrada no desenvolvimento integral do homem, inserido na dinâmica da transformação social; concretiza-se pela aplicação de novas teorias, princípios, conceitos e técnicas num esforço permanente de renovação da educação.[72]

Segundo Santos,[73] a cibercultura vem promovendo novas possibilidades de socialização e aprendizagem mediadas pelo ciberespaço e, no caso específico da educação, algumas de suas principais contribuições consistem na educação *online* e nos ambientes virtuais de aprendizagem (AVAs). A educação *online* não é apenas uma evolução da educação à distância (EAD), mas também um

[69] BONILLA, 2005, p. 212.

[70] LEITE, L. S. Mídia e a perspectiva da tecnologia educacional no processo pedagógico contemporâneo. In: FREIRE, W. (Org.). *Tecnologia e educação:* as mídias na prática docente. 2. ed. Rio de Janeiro: Wak, 2011.

[71] LEITE, 2011, p. 65.

[72] BONILLA, 2005, p. 66.

[73] SANTOS, 2010.

fenômeno da cibercultura. Com a Internet e os ambientes *online*, muitos programas de EAD migraram seus desenhos, mantendo a mesma lógica comunicacional da mídia de massa e da tradição da EAD que separa os sujeitos dos processos de criação dos conteúdos e do próprio desenho didático. Segundo a autora, a educação *online*, em sintonia com a dinâmica do ciberespaço, é um fenômeno da cibercultura.[74]

A educação *online* é o conjunto de ações de ensino e aprendizagem ou atos de currículo mediados por interfaces digitais que potencializam práticas comunicacionais interativas e hipertextuais. Cada vez mais, sujeitos, empresas e organizações vêm lançando mão desse conceito e promovendo a difusão cultural de suas ideias, potencializando a democratização da informação, da comunicação e da aprendizagem entre indivíduos geograficamente dispersos. Dentre as tecnologias digitais mais utilizadas nas atuais práticas de educação *online* encontram-se os ambientes virtuais de aprendizagem (AVAs), detentores, segundo Santos,[75] de um potencial comunicacional e pedagógico para a promoção de conteúdos e situações de aprendizagem.

Os AVAs agregam uma das características fundantes da Internet: a convergência de mídias, ou seja, a capacidade de hibridizar e permutar várias mídias em um mesmo ambiente. Os ambientes virtuais de aprendizagem envolvem um conjunto de interfaces para socialização de informação e de conteúdos de ensino e aprendizagem. A apropriação adequada dessas interfaces permite produzir conhecimentos em um processo de autoria e cocriação. O AVA seria como uma organização viva, em que seres humanos e objetos técnicos interagem em um processo complexo que se auto organiza na dialógica de suas redes de conexões.[76]

Nas práticas convencionais de EAD, temos autoaprendizagem como característica fundante. Além da autoaprendizagem, as interfaces das AVAs permitem a interatividade e a aprendizagem colaborativa. Neste sentido, as potencialidades das TICs, no contexto dos AVAs, reside em possibilitar a estruturação de práticas inovadoras em educação *online*.

2.4.5 No caminho de uma apropriação crítica das TIC

As possibilidades geradas pela apropriação das TIC são inúmeras e o desafio que se coloca reside exatamente em desvendar tais possibilidades, convertendo-as em experiências efetivas de apropriação crítica deste recurso.

É bom lembrar, no entanto, que o reconhecimento da importância das TIC não deve significar um deslize para a armadilha da mistificação da informática e das tecnologias, como se todos os problemas existentes no exercício profissio-

[74] SANTOS, 2010, p. 32.
[75] SANTOS, 2010.
[76] SANTOS, 2010, p. 39.

nal simplesmente desaparecessem ao se incorporar a tecnologia. Incorrer neste equívoco significa extrapolar as fronteiras das reais possibilidades contidas no uso deste recurso e atribuir-lhe um caráter "salvacionista", ou conferir "poder demiúrgico" ao que se constitui como "expressão de um modo de ser do sujeito real a que se refere".[77] Deve-se, portanto, evitar uma postura de "endeusamento" das tecnologias, atribuindo-lhe o papel de salvadoras, quando na verdade, o que ela realmente faz é auxiliar, ou ainda, potencializar o processo de abordagem e intervenção junto aos problemas e questões existentes, sem constituir-se, por si mesma, na solução para esses problemas.

Deve-se evitar o deslumbramento com os recursos oferecidos pela tecnologia e as possibilidades de mudanças dela decorrentes. A existência de tal postura demonstra a necessidade de cautela para não tomar estes recursos como soluções mágicas para os problemas reais que ocorrem no cotidiano do trabalho profissional. Uma observação de Guerra[78] pode ser útil para refletir sobre essa questão, ao tratar do "fetiche" que permeia o instrumental técnico e a "deificação" das metodologias de ação. A autora aponta uma "tendência de atribuir aos instrumentos e técnicas, municiadores da intervenção, um *status* superior àquele que é dado aos demais componentes da prática profissional", que encontra seu ponto de sustentação no "fetichismo que envolve as relações sociais do mundo burguês e que, em última instância, são representações falsas sobre a realidade".[79] Faz-se necessário, portanto, que o domínio do instrumental técnico não implique em perder de vista o conhecimento das finalidades presentes na atuação e das formas de alcançá-las. A postura de atribuir autonomia ao instrumental técnico, separá-lo e torná-lo independente das finalidades, valores e princípios constantes do projeto profissional, acaba por converter o elemento acessório em fator essencial.

As TIC constituem-se como recurso de grande importância, no entanto não substituem dimensões fundamentais do exercício profissional. Em geral, é possível que o trabalho se realize sem o suporte das TIC. Na verdade, o que sua presença faz é dinamizar o trabalho, podendo tornar sua realização mais rápida, interativa, sistematizada, dinâmica, ágil, organizada, propiciando condições para potenciar as dimensões inerentes ao exercício profissional, não atestando, contudo, qualquer caráter de imprescindibilidade. É neste sentido que não se deve cair na postura que identifica as TIC como um elemento sem o qual o próprio trabalho não acontece, ou ainda, como fator capaz de substituir os próprios trabalhadores.

As diversas profissões precisam planejar e organizar uma incorporação das TIC tomando-as como um elemento auxiliar, subordinado a seus interesses profissionais, não individuais, mas coletivos, permitindo que esse recurso seja colo-

[77] VIEIRA PINTO, 2005, p. 158.
[78] GUERRA, Yolanda. *A instrumentalidade do Serviço Social*. São Paulo: Cortez, 1995.
[79] GUERRA, 1995, p. 169.

cado a serviço de tais interesses. Agindo desta forma, poderá, além de preservar, ampliar seu espaço de atuação e legitimidade profissional.

Muitas atividades que os profissionais podem realizar com o suporte das TIC, podem ser feitas, também, sem utilizar-se dele. Isso significa que o elemento principal neste contexto não é o recurso tecnológico em si, mas o sujeito que trabalha, o profissional, que se apropria deste recurso para alcançar os projetos que já tem em mira. O fator substantivo, digamos assim, reside no profissional, enquanto no recurso tecnológico reside o fator adjetivo. Importante, mas ainda assim, adjetivo, e que, portanto, não pode substituir o real sujeito da atuação profissional. Assim, mais uma vez, as TIC podem possuir um papel importante para o trabalho, mas isso não significa nem o ofuscamento nem a substituição dos profissionais. Ao contrário, tal papel reside exatamente na potencialização de seu trabalho, de suas atividades e na consolidação de sua condição de protagonista do exercício profissional.

Tais comentários conduzem à observação de que a incorporação das TIC ao trabalho não deve ter por consequência uma redução ou uma economia de trabalho. Pode significar, sim, que a quantidade de trabalho manual, mecânico, burocrático e repetitivo pode diminuir, no entanto outras habilidades e competências passam a ser exigidas do profissional, como, por exemplo, a habilidade de analisar e interpretar a grande quantidade de dados e informações produzidas com o auxílio das TIC, aumentando a demanda global por trabalho. Os profissionais precisam tomar cuidado para não perder de vista o potencial a ser retirado do uso da tecnologia: este recurso não serve apenas para realizar mais atividades, de forma mais rápida, mas para contribuir com algum tipo de mudança qualitativa, seja na organização e sistematização de dados da realidade, seja na construção de novas modalidades de intervenção e atendimento voltadas à satisfação das necessidades da população. É neste sentido que as TIC podem constituir-se como um fator potencializador do trabalho.

Considerações finais

Considerações finais

Pretendeu-se discutir neste livro a importância que as Tecnologias da Informação e Comunicação (TIC) podem ter para o exercício profissional, qualificando tal importância como um potencial estratégico para dinamizar e aprimorar o trabalho. Pensar o seu potencial para as profissões demanda, antes de tudo, definir um ponto de partida. Este deve ser o próprio exercício profissional. Não se entende que o uso da tecnologia possa resolver os diversos problemas expressos no cotidiano do trabalho, como muitas vezes tendem a pensar muitos profissionais. Tais problemas podem ser equacionados com o auxílio das TIC, de forma articulada a outras competências e habilidades profissionais. Quem efetivamente apresenta e executa propostas para a solução das questões presentes no cotidiano são os próprios profissionais, que com sua capacidade de reflexão e elaboração devem projetar e implementar alternativas para as demandas concretas com as quais lidam.

As dificuldades e os limites presentes no cotidiano de trabalho e a necessidade de aprimoramento e desenvolvimento profissional devem ser apropriadas pelos próprios profissionais, que, a partir de seu acervo de conteúdos e instrumentais analíticos, técnicos e éticos, podem formular as diretrizes e alguns aspectos necessários ao seu trabalho. Isso é claro, levando-se em conta as condições concretas em que sua atividade, como trabalho assalariado que é, se processa.

Embora as TIC possam ser consideradas um recurso importante para o exercício profissional, entende-se que os problemas postos no trabalho cotidiano não serão automaticamente solucionados a partir da incorporação da tecnologia, tendo em vista que esta, sozinha, pouco realiza. Seu efeito útil, ou ainda, seu valor de uso para as profissões encontra-se condicionado pela forma concreta pela qual se processará sua incorporação ao trabalho. É neste sentido que se entende a tecnologia não como um instrumento de trabalho apenas, como é comumente ressaltado. Acredita-se que uma adequada abordagem das TIC é aquela que as toma como um otimizador e potencializador dos instrumentos já previamente existentes no trabalho, os quais devem passar por um constante processo de aprimoramento. Quem deve promover (pensar e propor) este aprimoramento é o próprio profissional. Aproximando-se do uso do instrumento, a partir da reflexão e análise crítica sobre o mesmo, poderá propor mudanças com vistas à sua melhoria. Note que o profissional, ao analisar o uso que faz de seu instrumento, poderá pensar e propor mudanças qualitativas em tal uso, criando e imprimindo-lhe, neste processo, novos objetivos, novas finalidades, utilizando-o para alcançar novos projetos.

Pensa-se a tecnologia como um dos meios que podem ser utilizados na obtenção das finalidades definidas e projetadas pelo profissional, não sendo, portanto, a finalidade em si. Isso significa que para se aprimorar o trabalho, o ponto de partida não é estudar, conhecer e aprofundar-se no uso das TIC. Isso até pode acontecer, desde que venha precedido por um estudo, conhecimento e aprofundamento na forma de processamento do trabalho em si. O ponto de partida, portanto, é o trabalho profissional. A partir da avaliação de sua atividade, serão identificadas as falhas, problemas, lacunas que poderão ser corrigidos ou ajustados. As TIC nada mais serão do que um meio que auxilia e contribui para a solução dos problemas e para a potencialização do trabalho, mas que, de forma alguma, substitui a ação do profissional na definição dos elementos que possibilitam essa potencialização.

Se por um lado tal potencialização pode dar-se no sentido de contribuir para ampliar as condições de acesso aos direitos sociais, pode também, proporcionar uma redução da demanda por trabalho braçal, tendo em vista o processo de automatização que o uso das TIC implementa, e no aumento da demanda por trabalho intelectual, tendo em vista a necessidade do profissional lidar com os diversos conjuntos de dados e informações produzidos ao longo do trabalho.

Devido à redução do trabalho manual, braçal e físico que pode proporcionar, a incorporação das TIC no cotidiano profissional, principalmente os recursos relacionados especificamente aos computadores e suas diversas aplicações, faz com que o profissional disponha de uma maior quantidade de tempo para o exercício profissional, já que deixará de se preocupar, ou se preocupará menos, com tarefas manuais e repetitivas. Essas tarefas, de fato, poderão ser feitas pelo computador em tempo bem menor do que o gasto pelos profissionais nos processos tradicionais.

No entanto, não é só para isso que as TIC podem ser úteis. Além de possibilitar economia de tempo, fazer que tarefas burocráticas e repetitivas sejam realizadas de forma mais rápida, ela pode possibilitar ao profissional, se for criticamente apropriada, uma mudança qualitativa em seu trabalho, o que passaria a exigir dele uma parcela cada vez maior de trabalho intelectual, de esforço analítico, ou ainda, um esforço analítico mais sofisticado, tendo em vista a dinamização possibilitada pela otimização dos instrumentos.

Essas novas capacidades não serão inauguradas pelo uso da tecnologia, mas seu uso criará condições para que elas sejam mais bem desempenhadas, para que elas sejam mais bem aplicadas, por pelo menos dois fatores: primeiro porque o profissional terá mais tempo; segundo porque os dados poderão ser organizados e sistematizados de forma que o profissional consiga ver neles informações ou expressões da realidade que antes não conseguia vislumbrar.

Assim, uma das formas pelas quais as TIC podem contribuir para a potencialização do exercício profissional refere-se à possibilidade de propiciar uma redução do tempo gasto em algumas atividades braçais e manuais, já que tal tecnologia pode ser utilizada para realização de tais atividades. Essa possibilidade de redução precisa ser compreendida não como elemento voltado à valorização da organização do trabalho baseada na redução do tempo de trabalho socialmente necessário e no aumento do tempo de trabalho excedente. A utilização das TIC para diminuir o tempo gasto na realização das tarefas manuais, tomada como artifício para aumento da produtividade do trabalho baseada em critérios quantitativos que tenham por objetivo a ampliação das taxas de lucro, consiste numa postura que deve ser combatida e criticada.

Um dos desafios que se coloca aos profissionais, no que se refere à apropriação das TIC, é tentar construir formas e modalidades de incorporação que superem o modelo hegemônico imposto ao conjunto de trabalhadores: como uma forma de reduzir a demanda por trabalhadores, como forma de aumentar a extração de mais-valia, sobretudo a mais-valia relativa, como forma de expulsar quantidades cada vez maiores de trabalhadores do mercado de trabalho. Nestes casos, a redução do tempo de trabalho teve por consequência o aumento do tempo de trabalho excedente, num primeiro momento, e, além da manutenção de níveis cada vez maiores de exploração, a produção do excesso de trabalhadores no mercado de trabalho, em outro momento. Construir as formas e estratégias pelas quais as diversas profissões se apropriam deste recurso é, portanto, fundamental, resistindo ao formato com que hegemonicamente vem sendo utilizada na sociedade capitalista. Espera-se que seu uso possa, de fato, potencializar o trabalho, gerando novas capacidades e habilidades, e contribuindo para criar condições que tornem possível o aprimoramento profissional.

É preciso construir uma apropriação do recurso tecnológico que permita ultrapassar a lógica racionalizadora, de redução de custos e de emprego de força de trabalho, evitando um modo específico de uso que signifique a substituição de profissionais ou a redução das possibilidades de criação e distribuição de informação. A prioridade deve ser concedida ao reforço e à efetivação dos princípios profissionais, sem cair na armadilha do tecnicismo, ou seja, pensar que o mero aperfeiçoamento técnico-operativo garante uma apropriação qualificada das TIC.

Considera-se válida a apreensão das TIC como detentoras de um potencial estratégico para o trabalho, desde que sua incorporação não seja realizada de maneira fetichizada, entendendo a tecnologia como solução mágica para os problemas enfrentados pelas profissões, o que poderia ocasionar a simplificação ou o esvaziamento das competências profissionais. Evita-se, portanto, uma incorporação das TIC da forma como criticou Barreto, "como se sua simples presença garantisse a produção de mudanças qualitativas e, até mesmo, uma espécie de revolução".[1] O que deve acontecer é um processo de apropriação efetiva, subordinada a finalidades concebidas pelas diversas profissões no sentido do seu fortalecimento, com consequências positivas para o aperfeiçoamento e a qualidade do trabalho, situado em um contexto profissional bem determinado. Assim, não se defende a ideia simplista de que tudo irá bem no trabalho, desde que haja computadores e tecnologias disponíveis. Mais do que o mero acesso

[1] BARRETO, R. G. A presença das tecnologias. In: FERRAÇO, C. E. (Org.). *Cotidiano escolar, formação de professores(as) e currículo*. São Paulo: Cortez, 2005.

dos profissionais a tais recursos, é preciso pensar os modos e sentidos de acesso a tal tecnologia.

Uma real incorporação das TIC supõe que os profissionais deixem de ser meros usuários ou consumidores, passando a formular e implementar propostas criativas e críticas que demonstrem sua efetiva apropriação, adequada a suas demandas e necessidades, e não imposta, podendo promover o enriquecimento tanto da formação quanto do trabalho profissional.

É preciso perceber as formas pelas quais as TIC têm estado presentes no trabalho profissional. Perceber o seu potencial estratégico significa perceber as possibilidades de seu uso para o fortalecimento do exercício profissional. Mas ela também pode ser utilizada em sentido oposto, de forma reducionista, tecnicista, burocratizada e "fetichizada", impedindo a concretização da satisfação das necessidades da população por meio de seu uso. Neste sentido, criar disciplinas como "Laboratório de Informática" ou "Informática Aplicada", priorizando a parte técnica sem demonstrar as conexões possíveis destas tecnologias com a construção de um projeto de sociedade e um projeto profissional, esvazia as TIC de seu potencial estratégico para o trabalho. É preciso, neste sentido, enfatizar que estas devem ser utilizadas como um recurso a serviço do fortalecimento do exercício profissional parametrado pelos projetos profissionais que lhe darão sentido e significado.

Para não se correr o risco de ver as TIC sendo utilizadas tão-somente como parte de um processo de "modernização conservadora", em que a existência de recursos comumente considerados "modernos" e sofisticados sejam utilizados para reforçar práticas antigas e tradicionais, as profissões precisam articular a construção de modalidades de uso das TIC no trabalho profissional numa perspectiva crítica e democratizante. Não se trata, evidentemente, de uma questão de vontade apenas, mas de um processo histórico, marcado pela incidência de diversos fatores que mediatizam a sua incorporação.

A postura que pretende tomar o uso das TIC de forma crítica contrapõe-se, portanto, a qualquer "reverência" ou "encantamento" com o seu uso, buscando-se, sim, um processo de apropriação. Não se trata apenas de treinar ou capacitar os profissionais, mas promover um processo de apropriação em que estes sejam sujeitos ativos capazes de projetar e construir aplicações, implementando o uso das TIC como meio para satisfazer seus interesses, necessidades e demandas.

Neste sentido, para promover uma real apropriação das TIC, deve-se ter as seguintes preocupações:

- *Capturar* as TIC, o que significa que deve haver uma apropriação dessas tecnologias, que, se utilizadas de forma adequada, podem se constituir como um instrumento e um recurso de grande importância para o trabalho.
- Não devemos permitir que sejamos *capturados pelas TIC*, ou seja, deixar que a forma hegemônica com que tais tecnologias vêm sendo utilizadas determine o uso que vamos fazer deste instrumento. A lógica que deve permear seu

uso não deve ser produtivista, que enfatize processos geradores do aumento das taxas de mais-valia, *absoluta* ou *relativa*. Deve-se captar o seu potencial para o trabalho profissional, tendo como horizonte a satisfação das demandas e o estabelecimento de modalidades de uso criativas e compatíveis com as finalidades profissionais buscadas em nosso cotidiano profissional.

Dizer, portanto, que as profissões, antes de serem *capturadas* pelas TIC, precisam *capturá-las*, corresponde a dizer que tais tecnologias devem ser *apropriadas*, criticamente incorporadas ao trabalho, auxiliando a organização e sistematização do trabalho realizado, possibilitando a formulação de propostas de intervenção inovadoras e contribuindo para a consolidação de um exercício profissional cada vez mais competente, crítico e qualificado.

A qualificação profissional preocupada com a incorporação desse recurso ao trabalho deve ser encarada como uma necessidade, expressa pelas demandas que são apresentadas às profissões, e não apenas como um ato de vontade ou de investimento individual. Este entendimento supõe a problematização de algumas questões importantes. A primeira delas refere-se às mudanças sociais e culturais necessárias à incorporação das TIC e de suas aplicações, as quais podem tornar-se um importante acessório para o desenvolvimento do exercício profissional. A incorporação das TIC ao exercício profissional supõe, de fato o abandono de alguns hábitos antigos, fortemente presentes em diversos agentes profissionais, e a substituição por outros, referentes a utilização de novos recursos. Trata-se de uma mudança que, no entanto, não deve ser feita de uma hora para outra, demandando um longo processo que, se bem conduzido, pode trazer resultados positivos, principalmente se os profissionais puderem contar com recursos como, além de vontade e investimento individual, condições de trabalho adequadas e alternativas de formação e qualificação profissionais.

Outra consideração importante refere-se às experiências de incorporação das TIC que vêm sendo realizadas pelos profissionais, as quais não devem ser tomadas apenas como uma incorporação técnica, instrumental ou uma "adaptação" às novas tecnologias, mas, antes, como experiências de construção e condução de projetos políticos, os quais podem propiciar importantes contribuições para as profissões. Não se trata, portanto, de promover a substituição de formas "antigas" de se trabalhar por formas mais "modernas" e "eficientes", ou de propor uma informatização generalizada e desenfreada dos espaços profissionais como forma de melhoria do trabalho. Trata-se de propor a apropriação das TIC tendo em vista as reais possibilidades existentes.

Se, de um lado, deve haver uma preocupação e resistência a uma *incorporação forçada e autoritária* das TIC ao exercício profissional, por outro lado, é necessário que os profissionais estejam abertos às possibilidades e potencialidades que tais tecnologias trazem, o que significa que a resistência pela resistência e o menosprezo em relação às TIC não deveriam ser elementos presentes entre os profissionais que desejam incorporar tais recursos ao seu trabalho.

As TIC constituem um recurso que ainda não foi efetivamente incorporado ao trabalho de muitas profissões. Se o for adequadamente, pode constituir-se como uma contribuição capaz de proporcionar subsídios para se entender e, talvez, superar algumas dificuldades presentes nos processos de trabalho. Sua incorporação deve se dar não pelo fascínio com as diversas novas tecnologias disponíveis, mas sim por uma necessidade de aprimoramento e qualificação do trabalho realizado.

Pretendeu-se, ao longo deste livro, sustentar a ideia de que o uso das TIC, feito de maneira adequada, crítica e responsável, pode ser importante para diversas profissões. Acredita-se estar oferecendo uma contribuição neste sentido, indicando alguns aspectos gerais que enriqueçam o debate. Trata-se de um esforço pela apreensão do papel das TIC para o trabalho e pela divulgação de sua potencialidade. Não se teve por objetivo apresentar respostas definitivas para os seus complexos *desafios*, mas desenvolver um conjunto de considerações e argumentos que demonstrem as inúmeras *perspectivas* presentes nos seus processos de apropriação.

Filmografia

A tecnologia também tem estado presente de forma marcante no cinema. São inúmeros os longas-metragens que abordam a tecnologia e as questões suscitadas pelas suas diversas possibilidades de uso. Apresento a seguir uma lista de filmes, em ordem cronológica, de diversos gêneros, que abordam questões interessantes no tocante à tecnologia, que vão desde os clássicos até títulos mais atuais. A intenção não é esgotar o acervo disponível, mas apenas indicar algumas sugestões para aqueles que se interessarem em constatar como o tema tem sido absorvido pelo cinema, e servir como um recurso a mais no entendimento do potencial ao mesmo tempo estratégico e contraditório destas tecnologias.

2001 – Uma Odisséia no Espaço

Título original: *A Space Odissey*

Gênero: Ficção científica

Ano de lançamento: 1968 (EUA)

Direção: Stanley Kubrick

Sinopse: Desde a "Aurora do Homem" (a pré-história), um misterioso monolito negro parece emitir sinais de outra civilização interferindo no nosso planeta. Quatro milhões de anos depois, no século XXI, uma equipe de astronautas liderados pelo experiente David Bowman (Keir Dullea) e Frank Poole (Gary Lockwood) é enviada à Júpiter para investigar o enigmático monolito na nave Discovery, totalmente controlada pelo computador HAL 9000. Entretanto, no meio da viagem HAL entra em pane e tenta assumir o controle da nave, eliminando um a um os tripulantes.

Fonte: <http://www.adorocinema.com/filmes/2001/> Acesso em: 01.08.2011.

COLOSSUS 1980

Título original: *Colossus: The Forbin Project*

Gênero: Ficção científica

Ano de Lançamento: 1970 (EUA)

Direção: Joseph Sargent

Sinopse: Em plena Guerra Fria, os Estados Unidos colocam suas defesas nucleares nas mãos de um supercomputador de inteligência artificial denominado Colossus. Ele foi desenvolvido para o Departamento de Defesa e projetado pela equipe do cientista dr. Charles Forbin. No momento em que é colocado para trabalhar, depois de uma comemoração festiva na Casa Branca, na sua primeira tarefa, o Colossus descobre a existência de um outro supercomputador similar a ele; de origem russa chamado Guardian. Quando as duas máquinas se comunicam entre si, compartilham informações e se transformam num único e fantástico megacomputador.

Fonte: <http://www.telaquente.net/colossus-1980.html>. Acesso em 01.08.2011.

Blade Runner, O Caçador de Andróides

Título original: *Blade Runner*

Lançamento: 1982 (EUA)

Direção: Ridley Scott

Gênero: Ficção científica

Sinopse: No início do século XXI, uma grande corporação desenvolve um robô que é mais forte e ágil que o ser humano e equivalente em inteligência. São conhecidos como replicantes e utilizados como escravos na colonização e exploração de outros planetas. Mas, quando um grupo dos robôs mais evoluídos provoca um motim, em uma colônia fora da Terra, este incidente faz os replicantes serem considerados ilegais na Terra, sob pena de morte. A partir de então, policiais de um esquadrão de elite, conhecidos como *Blade Runner*, têm ordem de atirar para matar replicantes encontrados na Terra, mas tal ato não é chamado de execução e sim de remoção. Até que, em novembro de 2019, em Los Angeles, quando cinco replicantes chegam à Terra, um ex-*Blade Runner* (Harrison Ford) é encarregado de caçá-los.

Fonte: <http://www.adorocinema.com/filmes/blade-runner/>. Acesso em: 01.08.2011.

Tron – Uma Odisséia Eletrônica

Título original: *Tron*

Lançamento: 1982 (EUA)

Direção: Steven Lisberger

Gênero: Ficção científica

Sinopse: Kevin Flynn (Jeff Bridges) é um jovem engenheiro de softwares que trabalha na Encom. Sua maior diversão, e também seu trabalho, é elaborar novos jogos de videogame. Kevin sonha em fundar sua própria companhia, mas seus projetos são roubados por Ed Dillinger (David Warner), que os apresenta como se fossem seus. Como resultado, Dillinger é promovido enquanto Kevin precisa abrir uma casa de jogos, com o pouco que lhe restaram. Decidido a provar que foi roubado, Kevin resolve entrar no sistema da Encom através de um programa chamado CLU, por ele criado. É quando descobre que Dillinger criou Tron (Bruce Boxleitner), um programa destinado a proteger o Programa de Controle Mestre, que gerencia todo o sistema da Encom.

Fonte: <http://www.adorocinema.com/filmes/tron/>. Acesso em: 01.08.2011.

Jogos de Guerra

Título original: *War Games*

Lançamento: 1983 (EUA)

Direção: John Badham

Gênero: Ficção científica

Sinopse: Um jovem (Matthew Broderick) aficcionado por informática conecta seu micro acidentalmente ao sistema de defesa americano, controlado por um computador ultra sofisticado. O acidente provoca um estado de alerta, que pode acabar causando a Terceira Guerra Mundial.

Fonte: <http://www.adorocinema.com/filmes/jogos-de-guerra/>. Acesso em: 01.08.2011.

Johnny Mnemonic, O Cyborg do Futuro

Título original: *Johnny Mnemonic*

Lançamento: 1995 (EUA)

Direção: Robert Longo

Gênero: Ficção científica

Sinopse: Em 2021, o mundo inteiro está conectado através de uma gigantesca Internet. Metade da população é afetada pela NAS, uma espécie de AIDS do século XXI, uma alergia fatal às ondas eletromagnéticas. No entanto, um mensageiro cibernético (Keanu Reeves) é contratado para transportar um chip de 320 gigabytes, implantado no seu cérebro, que contém a cura para este o mal. Entretanto, seu cérebro está saturado e um grupo planeja impedi-lo de levar esta informação. Deste modo, ele tem apenas um dia para salvar a si e ao mundo.

Fonte: <http://www.adorocinema.com/filmes/johnny-mnemonic/>. Acesso em: 01.08.2011.

A Rede

Título original: *The Net*

Lançamento: 1995 (EUA)

Direção: Irwin Winkler

Gênero: Ficção

Sinopse: Angela Bennett (Sandra Bullock) é uma especialista em corrigir sistemas de informática, que se vê repentinamente envolvida em uma trama pelo fato de ter recebido um disquete que revela graves segredos. Para destruí-la um esquema é criado, com a finalidade de mudar seu nome e passado. Logo ela é conhecida na polícia como prostituta, viciada e ladra; e provar quem é de verdade fica cada vez mais difícil.

Fonte: <http://www.adorocinema.com/filmes/rede/>. Acesso em: 01.08.2011.

Hackers – Piratas de Computador

Título original: *Hackers*

Lançamento: 1995 (EUA)

Direção: Iain Softley

Gênero: Aventura

Sinopse: Um adolescente conhecido como Zero Cool (Jonny Lee Miller) é uma lenda entre os hackers, pois com apenas 11 anos ele inutilizou 1507 computadores em Wall Street, provocando um caos total no mundo das finanças. Por conta deste ato Cool ficou proibido de mexer em qualquer computador até chegar os 18 anos, mas, assim que pode, retorna aos computadores utilizando o codinome Crash Override. Até que se depara com um gigantesco plano que, além de tornar o autor muito rico, pode incriminá-lo. Com a ajuda de seus companheiros, ele tenta salvar sua pele.

Fonte: <http://www.adorocinema.com/filmes/hackers/>. Acesso em: 01.08.2011.

Mens@gem Para Você

Título original: *You've Got Mail*

Lançamento: 1998 (EUA)

Direção: Nora Ephron

Gênero: Comédia romântica

Sinopse: Proprietária de uma pequena livraria, Kathleen (Meg Ryan) praticamente mora com seu noivo (Greg Kinnear), mas o "trai" através da internet com um desconhecido, pois todo dia ela manda pelo menos um e-mail para ele. Seu misterioso amigo (Tom Hanks) também faz o mesmo e passa pela mesma situação: "infiel" com sua noiva (Parker Posey). De repente, a vida dela é abalada com a chegada de uma enorme livraria, que pode acabar com o negócio da sua família há 42 anos. Kathleen passa a não suportar um executivo que comanda esta megalivraria, sem imaginar que o mesmo homem com quem ela conversa pela Internet.

Fonte: <http://www.adorocinema.com/filmes/mensagem-para-voce/>. Acesso em: 01.08.2011.

Matrix

Título original: *The Matrix*

Lançamento: 1999 (EUA)

Direção: Andy Wachowski, Larry Wachowski

Gênero: Ficção científica

Sinopse: Em um futuro próximo, Thomas Anderson (Keanu Reeves), um jovem programador de computador que mora em um cubículo escuro, é atormentado por estranhos pesadelos nos quais encontra-se conectado por cabos e contra sua vontade, em um imenso sistema de computadores do futuro. Em todas essas ocasiões, acorda gritando no exato momento em que os eletrodos estão para penetrar em seu cérebro. À medida em que o sonho se repete, Anderson começa a ter dúvidas sobre a realidade. Por meio do encontro com os misteriosos Morpheus (Laurence Fishburne) e Trinity (Carrie-Anne Moss), Thomas descobre que é, assim como outras pessoas, vítima do Matrix, um sistema inteligente e artificial que manipula a mente das pessoas, criando a ilusão de um mundo real enquanto usa os cérebros e corpos dos indivíduos para produzir energia. Morpheus, entretanto, está convencido de que Thomas é Neo, o aguardado messias capaz de enfrentar o Matrix e conduzir as pessoas de volta à realidade e à liberdade.

Fonte: <http://www.adorocinema.com/filmes/matrix/>. Acesso em: 01.08.2011.

13º Andar

Título original: *The Thirteenth Floor*

Lançamento: 1999 (EUA)

Direção: Josef Rusnak

Gênero: Ficção científica

Sinopse: Douglas Hall e seu sócio, Hannon Fuller, dois pesquisadores da área de informática, estão prestes a colher resultados positivos em seu último projeto: desenvolver um mundo simulado utilizando realidade virtual. Porém, Fuller misteriosamente assassinado, antes de passar informações importantes sobre o projeto para Douglas, que agora o principal suspeito de ter efetuado o crime. Desorientado e em busca da verdade em torno dos acontecimentos, Douglas decide entrar no mundo simulado para investigar a morte de Fuller.

Fonte: <http://www.adorocinema.com/filmes/13-andar/>. Acesso em: 01.08.2011.

A.I. – Inteligência Artificial

Título original: A.I.

Lançamento: 2001 (EUA)

Direção: Steven Spielberg

Gênero: Ficção científica

Sinopse: Na metade do século XXI, o efeito estufa derreteu uma grande parte das colatas polares da Terra, fazendo com que boa parte das cidades litorâneas do planeta ficassem parcialmente submersas. Para controlar este desastre ambiental a humanidade conta com o auxílio de uma nova forma de computador independente, com inteligência artificial, conhecido como A.I. É neste contexto que vive o garoto David Swinton (Haley Joel Osment), que irá passar por uma jornada emocional inesquecível.

Fonte: <http://www.adorocinema.com/filmes/ai/>. Acesso em: 01.08.2011.

A Senha: Swordfish

Título original: *Swordfish*

Lançamento: 2001 (EUA)

Direção: Dominic Sena

Gênero: Ficção

Sinopse: Há um mundo oculto por baixo daquilo que chamamos de ciberespaço, que é protegido por firewalls, senhas e os mais avançados sistemas de segurança. Neste mundo estão escondidos os maiores segredos, as informações mais incriminadoras e, obviamente, muito dinheiro. Este é o mundo de Gabriel Shear (John Travolta), espião carismático e perigoso que deseja financiar ações antiterroristas, pois esta é sua forma de ser patriota e assegurar o *american way of life*. Mas para isso precisa entrar nesse mundo e conseguir pôr as mãos em fundos ilegais, que se originaram quando o DEA, em 1986, fechou uma empresa de fachada. Lá havia 400 milhões de dólares que "ficaram perdidos" e, em quinze anos, se transformaram em 9,5 bilhões de dólares. Para pôr a mão nesse dinheiro precisará de Stanley Jobson (Hugh Jackman), um super-hacker que tem conhecimento e talento para quebrar os sistemas de segurança mais fechados do mundo.

Fonte: <http://www.adorocinema.com/filmes/swordfish/>. Acesso em: 01.08.2011.

Ameaça Virtual

Título original: *AntiTrust*

Lançamento: 2001 (EUA)

Direção: Peter Howitt

Gênero: Drama

Sinopse: Milo (Ryan Phillippe) é um jovem gênio da informática, que namora uma artista (Claire Forlani) e tem um futuro brilhante pela frente. Ele está prestes a abrir uma nova empresa juntamente com seu amigo Teddy, até que recebe uma proposta irrecusável para trabalhar na empresa de seu ídolo, Gary Winston (Tim Robbins). Milo aceita a oferta, mas logo descobre que a empresa em que agora está trabalhando tem sérias implicações com a lei antitruste americana.

Fonte: <http://www.adorocinema.com/filmes/antitrust/> Acesso em: 01.08.2011.

Eu, Robô

Título original: *I, Robot*

Lançamento: 2004 (EUA)

Direção: Alex Proyas

Gênero: Ficção científica

Sinopse: Em 2035 a existência de robôs é algo corriqueiro, sendo usados constantemente como empregados e assistentes dos humanos. Os robôs possuem um código de programação chamado Lei dos Robóticos, que impede que façam mal a um ser humano. Esta lei parece ter sido quebrada quando o Dr. Miles aparece morto e o principal suspeito de ter cometido o crime é justamente o robô Sonny. Caso Sonny realmente seja o culpado, a possibilidade dos robôs terem encontrado um meio de quebrarem a Lei dos Robóticos pode permitir que eles dominem o planeta, já que nada mais poderia impedi-los de subjugar os seres humanos. Para investigar o caso é chamado o detetive Del Spooner (Will Smith) que, com a ajuda da Dra. Susan Calvin (Bridget Monayhan), precisam desvendar o que realmente aconteceu.

Fonte: <http://www.adorocinema.com/filmes/eu-robo/> Acesso em: 01.08.2011.

Firewall – Segurança em Risco

Título original: *Firewall*

Lançamento: 2006 (EUA)

Direção: Richard Loncraine

Gênero: Ficção

Sinopse: Jack Stanfield (Harrison Ford) é um especialista em segurança de computadores que trabalha para o Landrock Pacific Bank, cuja sede fica em Seattle. Jack é um executivo de confiança de alto nível, tendo construído sua carreira com o desenvolvimento dos mais eficazes sistemas antifraude do setor. Porém há em seu sistema uma vulnerabilidade que Jack ainda não percebeu: ele mesmo. Bill Cox (Paul Bettany) tem estudando a vida de Jack há quase um ano, monitorando sua atividade na Internet, ouvindo suas conversas telefônicas e acompanhando sua rotina diária, usando para tanto uma rede de câmeras digitais e microfones parabólicos. Por saber tudo da vida de Jack, Bill e uma equipe de mercenários conseguem invadir sua casa e manter sua esposa e seus filhos como reféns. Para que sua família sobreviva, Jack precisa participar de um esquema para roubar US$ 100 milhões do Landrock Pacific Bank.

Fonte: <http://www.adorocinema.com/filmes/firewall/>. Acesso em: 01.08.2011.

Duro de Matar 4.0

Título original: *Live Free or Die Hard*

Lançamento: 2007 (EUA)

Direção: Len Wiseman

Gênero: Aventura

Sinopse: Os Estados Unidos sofrem um novo ataque terrorista, desta vez através da informática. Um hacker consegue invadir a infraestrutura computadorizada que controla as comunicações, transporte e energia do país, ameaçando causar um gigantesco blecaute. O autor do ataque planejou todos os passos envolvidos, mas não contava que John McClane (Bruce Willis), um policial da velha guarda, fosse chamado para confrontá-lo.

Fonte: <http://www.adorocinema.com/filmes/duro-de-matar-4/>. Acesso em: 01.08.2011.

Controle Absoluto

Título original: *Eagle Eye*

Lançamento: 2008 (Alemanha, EUA)

Direção: D.J. Caruso

Gênero: Aventura

Sinopse: Jerry Shaw (Shia LaBeouf) e Rachel Holloman (Michelle Monaghan) não se conhecem, até que um telefonema feito por uma mulher desconhecida os une. Ameaçando a vida de ambos e de suas famílias, a voz utiliza a tecnologia do dia a dia para rastrear e controlar todos os seus movimentos. Logo eles se tornam os fugitivos mais procurados do país, precisando se unir para descobrir o que realmente está ocorrendo.

Fonte: <http://www.adorocinema.com/filmes/controle-absoluto/>. Acesso em: 01.08.2011.

Tron – O Legado

Título original: *Tron Legacy*

Lançamento: 2010 (EUA)

Direção: Joseph Kosinski

Gênero: Ficção científica

Sinopse: Kevin Flynn (Jeff Bridges) é um gênio da informática que, um dia, desapareceu sem deixar vestígios. Seu filho Sam (Owen Best), na época com sete anos, é criado pelos avós e a empresa de Flynn, a Encom, é gerenciada pelos demais acionistas. Já com 27 anos, Sam não quer assumir o controle da empresa e prefere boicotá-la uma vez por ano. Um dia o braço direito de seu pai, Alan Bradley (Bruce Boxleitner), recebe um bipe, o que faz com que Sam vá até o local onde Kevin tinha uma série de consoles de videogame. Lá, Sam encontra uma passagem secreta, que o leva a uma câmara onde está o último trabalho de seu pai. Sam o aciona e é levado a outro mundo, tecnológico, habitado por programas de computação.

Fonte: <http://www.adorocinema.com/filmes/tron-o-legado/>. Acesso em: 01.08.2011.

A Rede Social

Título original: *The Social Network*

Lançamento: 2010 (EUA)

Direção: David Fincher

Gênero: Drama

Sinopse: Em uma noite de outono em 2003, Mark Zuckerberg (Jesse Eisenberg), analista de sistemas graduado em Harvard, senta-se em seu computador e começa a trabalhar em uma nova ideia. Apenas seis anos e 500 milhões de amigos mais tarde, Zuckerberg se torna o mais jovem bilionário da história com o sucesso da rede social *Facebook*. O sucesso, no entanto, o leva a complicações em sua vida social e profissional.

Fonte: <http://www.adorocinema.com/filmes/a-rede-social/>. Acesso em: 01.08.2011.

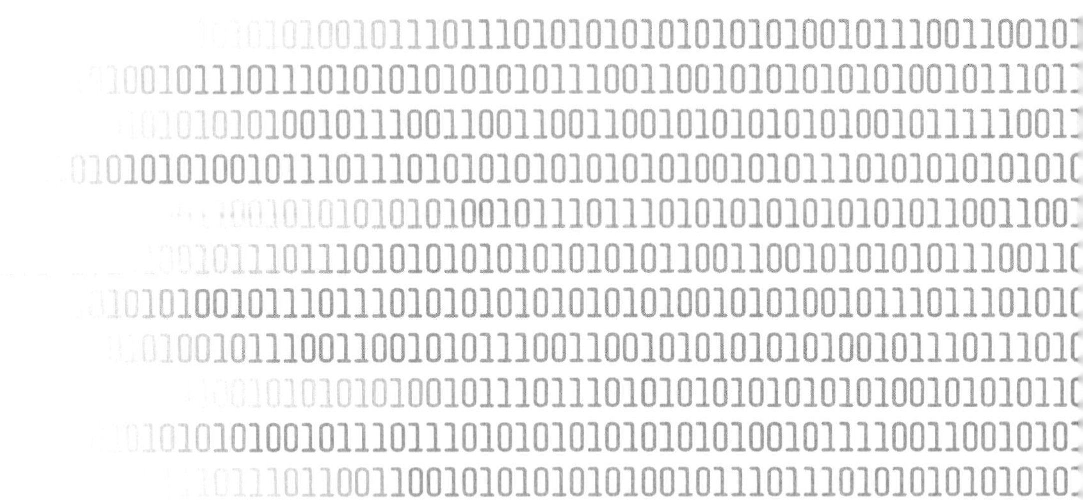

Referências

Referências

AFONSO, Carlos. A Internet no Brasil: o acesso para todos é possível? *Policy Paper*, São Paulo, Friedrich Ebert Stifung, n. 26, set. 2000.

ALBUQUERQUE, J. M. S. Informática em Serviço Social como instrumento de democratização da cultura. *Anais do 8º Congresso Brasileiro de Assistentes Sociais*. Salvador: Conselho Federal de Serviço Social, 1995.

ALMEIDA, Rubens Queiroz de. O leitor navegador III. In: SILVA, Ezequiel Theodoro da (Coord.). *A leitura nos oceanos da Internet*. São Paulo: Cortez, 2002.

AMARAL, Sergio Ferreira do. As novas tecnologias e as mudanças nos padrões de percepção da realidade. In: SILVA, Ezequiel Theodoro da (Coord.). *A leitura nos oceanos da Internet*. São Paulo: Cortez, 2002.

ANTUNES, R.; BRAGA, R. (Orgs.). *Infoproletários* – degradação real do trabalho virtual. São Paulo: Boitempo, 2009.

ANTUNES, Ricardo. *Os sentidos do trabalho*. 2. ed. São Paulo: Boitempo, 2000.

_________. *Adeus ao trabalho?* 5. ed. São Paulo: Cortez, 1998.

BARRETO, R. G. Educação e tecnologia: (des)caminhos da Educação Superior à Distância. *ADUFRJ Seção Sindical*, Rio de Janeiro, ADUFRJ, n. 515, p. 4-5, 2006.

_________. A presença das tecnologias. In: FERRAÇO, C. E. (Org.). *Cotidiano escolar, formação de professores(as) e currículo*. São Paulo: Cortez, 2005.

_________, LEHER, E. M. T.; NOGUEIRA, E. S. Formação baseada em competências e tecnologias da informação e comunicação: o paradigma (neo)tecnicista. In: *VI Colóquio sobre Questões Curriculares e II Colóquio Luso-Brasileiro sobre Questões Curriculares* – Currículo: pensar, inventar, diferir. Rio de Janeiro: UERJ, 2004.

_________. Tecnologia e educação: trabalho e formação docente. *Educação e Sociedade*, Campinas, CEDES, v. 25, n. 89, 2004.

_________. (Org.). *Tecnologias educacionais e educação à distância*: avaliando políticas e práticas. 2. ed. Rio de Janeiro: Quartet, 2003.

_________. As condições de produção da formação docente. In: BARRETO, R. G. *Formação de professores, tecnologias e linguagens*: mapeando novos e velhos (des) encontros. São Paulo: Loyola, 2002.

BEHRING, Elaine. *Brasil em contra-reforma*. Desestruturação do Estado e perda de direitos. São Paulo: Cortez, 2003.

BONILLA, M. H. *Escola aprendente*: para além da sociedade da informação. Rio de Janeiro: Quartet, 2005.

BRASIL. *Perfil dos Municípios brasileiros*: assistência social 2009. IBGE, Coordenação de População e Indicadores Sociais. Rio de Janeiro: IBGE, 2010.

CARNEIRO, Raquel. *Informática na educação*: representações sociais do cotidiano. São Paulo: Cortez, 2002.

CARVALHO, Maria do Carmo Brandt. O conhecimento da vida cotidiana: base necessária à prática social. In: NETTO, José Paulo; CARVALHO, Maria do Carmo Brandt. *Cotidiano*: conhecimento e crítica. 5. ed. São Paulo: Cortez, 2000.

CASTELLS, Manuel. *A galáxia da Internet*: reflexões sobre a Internet, os negócios e a sociedade. Rio de Janeiro: Zahar, 2003.

_________. *A sociedade em rede* (A era da informação: economia, sociedade e cultura). São Paulo: Paz e Terra, 1999. v. 1.

COELHO, Cristina da Silva Souza. Sistema de informação no sistema penal e o Serviço Social. *Cd-Rom do XI CBAS*. Fortaleza, 2004.

COLMÁN, Evaristo. Notas sobre o ensino de informática nos cursos de Serviço Social. *Serviço Social em Revista*, v. 7, n. 1. Londrina, UEL, 2004. Disponível em: <http://www.ssrevista.uel.br>. Acesso em: 28 jul. 2006.

_________; TOSCAN, Francielle. Tecnologias de informação, processos de trabalho do Assistente Social e formação profissional. *Serviço Social em Revista*, v. 5, n. 2. Londrina, UEL, 2003. Disponível em: <http://www.ssrevista.uel.br>. Acesso em: 28 jul. 2006.

_________. Tecnologias de informação: instrumento para o Serviço Social? *Cd-Rom do IX ENPESS*. Porto Alegre, 2004.

_________. Contribuição da pesquisa para o ensino das tecnologias de informação. Implementação das diretrizes curriculares. *Cd-Rom do IX ENPESS*. Porto Alegre, 2004.

_________. Apropriação das tecnologias de informação pelo Serviço Social. *Anais do IX CBAS*. Goiânia, 1998.

CORSANI, Antonella. Elementos de uma ruptura: a hipótese do capitalismo cognitivo. In: COCCO, Giuseppe et al. (Orgs.) *Capitalismo cognitivo*: trabalho, redes e inovação. Rio de Janeiro: DP&A, 2003.

CRESS. *Assistente Social*: ética e direitos. Coletânea de Leis e Resoluções. 3. ed. Rio de Janeiro: CRESS 7ª Região, 2001.

ESTEFENON, S. G. B.; EISENSTEIN, E. (Orgs.). *Geração Digital*: riscos e benefícios das novas tecnologias para as crianças e adolescentes. Rio de Janeiro: Vieira & Lent, 2008.

FREITAS, Arlena Sarmento de. O sistema de informatização como recurso operacional na agilização do atendimento ao adolescente em conflito com a lei. *Cd-Rom do XI CBAS*. Fortaleza, 2004.

GAMA, Ruy. *A tecnologia e o trabalho na história*. São Paulo: Nobel/Edusp, 1994.

GLEISER, Marcelo. Turbilhão digital. *Folha de S. Paulo*, Caderno Mais, p. 23, 11 ago. 2002.

GRINSPUN, Mírian P. S. Zippin (Org.). *Educação tecnológica* – desafios e perspectivas. 3. ed. rev. e ampl. São Paulo: Cortez, 2009.

GUERRA, Alexandre Lalau et al. Sistema de gerenciamento de informações dos programas sociais. In: POCHMANN, Marcio (Org.). *Desenvolvimento, trabalho e solidariedade*. Novos caminhos para a inclusão social. São Paulo: Cortez; Fundação Perseu Abramo, 2002.

GUERRA, Yolanda. Instrumentalidade do processo de trabalho do Serviço Social. *Serviço Social e sociedade*. São Paulo: Cortez, n. 62, p. 5-34, 2000.

_________. *A instrumentalidade do Serviço Social*. São Paulo: Cortez, 1995.

HARVEY, David. *A condição pós-moderna*. 2. ed. São Paulo: Loyola, 1993.

IAMAMOTO, Marilda Vilela. Projeto profissional, espaços ocupacionais e trabalho do Assistente Social na atualidade. In: CFESS. *Atribuições privativas do(a) Assistente Social*. Em questão. Brasília: CFESS, 2002.

_________. A questão social no capitalismo. *Temporalis*, Brasília, ABEPSS, Grafline, n. 3, p. 9-32, 2001.

_________. *O Serviço Social na contemporaneidade*: trabalho e formação profissional. São Paulo: Cortez, 1998.

_________. O Serviço Social no processo de reprodução das relações sociais. In: IAMAMOTO, Marilda; CARVALHO, Raul de. *Relações sociais e Serviço Social no Brasil*. Esboço de uma interpretação histórico-metodológica. 9. ed. São Paulo: Cortez; Lima, Peru: CELATS, 1993, p. 71-123.

JONAS, Liz Clara de Campos. Sistemas de informação na assistência social e parâmetros ético-políticos. *Serviço Social em Revista*, Londirna, UEL, v. 5, n. 1, 2002. Disponível em: <http://www.ssrevista.uel.br>. Acesso em: 28 jul. 2006.

KACHAR, Vitória. *Terceira idade e informática*: aprender revelando potencialidades. São Paulo: Cortez, 2003.

KAMEYAMA, Nobuco. Notas introdutórias para a discussão sobre reestruturação produtiva e Serviço Social. In: MOTA, Ana Elizabete (Org.). *A nova fábrica de consensos*. São Paulo, Cortez, 1998.

LEITE, L. S. Mídia e a perspectiva da tecnologia educacional no processo pedagógico contemporâneo. In: FREIRE, W. (Org.). *Tecnologia e educação*: as mídias na prática docente. 2. ed. Rio de Janeiro: Wak, 2011.

LEMOS, André. Cibercultura: alguns pontos para compreender a nossa época. In: LEMOS, André; CUNHA, Paulo (Orgs.). *Olhares sobre a cibercultura*. Porto Alegre: Sulina, 2003.

LÉVY, Pierre. *Cibercultura*. São Paulo: Editora 34, 1999.

_________. *As tecnologias da inteligência*: o futuro do pensamento na era da informática. Rio de Janeiro: Editora 34, 1993.

LIMA, Kátia Regina de Souza. *Reforma da educação superior nos anos de contra-revolução neoliberal*: de Fernando Henrique Cardoso a Luís Inácio Lula da Silva. Rio de Janeiro: UFF, 2005 (Tese de Doutorado em Educação).

LOJKINE, J. *A revolução informacional*. 3. ed. São Paulo: Cortez, 2002.

MALINI, Fábio. A informação com arma política: do confinamento ao descontrole. In: COCCO, Giuseppe et al. (Orgs.). *Capitalismo cognitivo*: trabalho, redes e inovação. Rio de Janeiro: DP&A, 2003.

MANDEL, Ernest. *O capitalismo tardio*. São Paulo: Abril Cultural, 1982. (Os economistas).

MARTIN-BARBERO, J. *Dos meios às mediações*. Rio de Janeiro: Editora UFRJ, 1997.

MARTINS, V. L. A incorporação da informática pelo Serviço Social do Hospital de Reabilitação de Anomalias Craniofaciais da USP/Bauru: um estudo de caso. *Cd-Rom do X CBAS*. Rio de Janeiro, 2001.

MASUDA, Yoneji. *A Sociedade da Informação como Sociedade Pós-Industrial*. Rio de Janeiro: Editora Rio, 1980.

MARX, Karl. *O Capital*. Crítica da Economia. Rio de Janeiro: Civilização Brasileira, 1971.

MATTELART, Armand. *História da sociedade da informação*. São Paulo: Loyola, 2002.

MATTOSO, Jorge. *A desordem do trabalho*. São Paulo: Scritta, 1996.

MEIRELES, Fernando de Souza. *Informática* – novas aplicações com microcomputadores. 2. ed. São Paulo: Makron Books, 1994.

MORAES, D. (Org.). *Sociedade midiatizada*. Rio de Janeiro: Mauad X, 2006.

_________. *O concreto e o virtual*: mídia, cultura e tecnologia. Rio de Janeiro: DP&A, 2001.

NETO, José Menelau. Desemprego e luta de classes: as novas determinidades do conceito marxista de exército industrial de reserva. In: OLIVEIRA, Manfredo; TEIXEIRA, Francisco (Orgs.). *Neoliberalismo e reestruturação produtiva*. São Paulo: Cortez/UECE, 1996.

NETTO, José Paulo. Para a crítica da vida cotidiana. In: NETTO, José Paulo; CARVALHO, Maria do Carmo Brandt. *Cotidiano*: conhecimento e crítica. 5. ed. São Paulo: Cortez, 2000.

_________. A construção do projeto ético-político do Serviço Social frente à crise contemporânea. In: *Capacitação em Serviço Social e Política Social*. Módulo 1 – Brasília: CEAD/ABEPSS/CFESS, 1999.

_________. *Capitalismo monopolista e Serviço Social*. 2. ed. São Paulo: Cortez, 1996.

_________. Transformações societárias e Serviço Social – notas para uma análise prospectiva da profissão no Brasil. *Serviço Social e Sociedade*, n. 50. São Paulo: Cortez, 1996.

NOVAES, H. T. *O fetiche da tecnologia* – a experiência das fábricas recuperadas. 2. ed. São Paulo: Expressão Popular, 2010.

PINHEIRO, V. M.; DEMÉO, I. M. SOS – Sistema de Obras Sociais: desenvolvimento de um programa com a informática. *Revista Serviço Social Hospitalar*, v. 1. São Paulo, USP, 1996.

PINKETT, Randal D. *Redefining the digital divide*. Disponível em: <http://tcla.gseis.ucla.edu/divide/politics/pinkett.html>. Acesso em: 19 ago. 2006.

POCHMANN, Marcio (Org.). *Desenvolvimento, trabalho e solidariedade*. Novos caminhos para a inclusão social. São Paulo: Cortez; Fundação Perseu Abramo, 2002.

PONTES, Reinaldo Nobre. *Mediação e Serviço Social*. São Paulo: Cortez, 1995.

PRETTO, N. L. Desafios para a educação na era da informação: o presencial, a distância, as mesmas políticas e o de sempre. In: BARRETO, R. G. *Tecnologias educacionais e educação à distância*: avaliando políticas e práticas. 2. ed. Rio de Janeiro: Quartet, 2003.

PUCCI, B. Da ambivalência da educação a distância: reflexões. In: SILVA et al. (Orgs.). *Educação Online*: cenário, formação e questões didático-metodológicas. Rio de Janeiro: Wak, 2010.

RODRIGUES, R. V. S. A centralidade da informação no campo das políticas públicas. In: *Concepção e gestão da política social não contributiva no Brasil*. Brasília: MDS/ UNESCO, 2009.

ROSA, Lutero Oliveira. Informação tecnológica e Serviço Social. *Serviço Social e Sociedade*, n. 49. São Paulo: Cortez Editora, p. 137-163, 1995.

RUBEN, G., WAINER, J., DWYER, T. (Orgs.). *Informática, organizações e sociedade no Brasil*. São Paulo: Cortez, 2003.

SAMPAIO, M. N.; LEITE, L. S. *Alfabetização tecnológica do professor*. 8. ed. Rio de Janeiro: Vozes, 2011.

SANTOS, Boaventura de Souza. Economia de cassino. *Folha de S. Paulo*, São Paulo, 15 mar. 1998, Folha Dinheiro, p. 8.

SANTOS, E. Educação online para além da EAD: um fenômeno da cibercultura. In: SILVA et al. (Orgs.). *Educação Online*: cenário, formação e questões didático-metodológicas. Rio de Janeiro: Wak, 2010.

SANTOS, Laymert Garcia dos. Tecnologia, perda do humano e crise do sujeito do direito. In: OLIVEIRA, F.; PAOLI, M. C. (Orgs.). *Os sentidos da democracia* – políticas do dissenso e hegemonia global. Petrópolis: Vozes; Brasília, NEDIC, 1999.

SCHAFF, Adam. *A sociedade informática*. São Paulo: Brasiliense, 1993.

SIGAUT, François. A tecnologia, uma ciência humana. In SCHEPES, Ruth(Org.). *O Império das Técnicas*. São Paulo; Papirus, 1996.

SILVA, Arídio et al. *Sistemas de informação na administração pública*. Rio de Janeiro: Revan, 2004.

SILVA, Ezequiel Theodoro da. Formação do leitor virtual pela escola brasileira: uma navegação por mares bravios. In: SILVA, Ezequiel Theodoro da (Coord.). *A leitura nos oceanos da Internet*. São Paulo: Cortez, 2002.

SILVA, M. Os professores e o desafio comunicacional da Cibercultura. In: FREIRE, W. *Tecnologia e educação:* as mídias na prática docente. 2. ed. Rio de Janeiro: Wak, 2011.

SILVA, Márcio Antunes da. Assistente Social e tecnologias de informação. *Serviço Social em Revista*, v. 6, n. 1, Londrina, UEL, 2003. Disponível em <http://www.ssrevista.uel.br>. Acesso em: 28 jul. 2006.

SILVA, Marco. Os professores e o desafio comunicacional da Cibercultura. In: FREIRE, Wendel. *Tecnologia e educação*: as mídias na prática docente. 2. ed. Rio de Janeiro: Wak, 2011.

SILVEIRA, Sergio Amadeu da. *Exclusão digital*: a miséria na era da informação. São Paulo: Fundação Perseu Abramo, 2001.

SIQUEIRA, M. C. *Gestão estratégica da informação*. Rio de Janeiro: Brasport, 2005.

SOUZA, P. C. Revolução informacional e Serviço Social: uma articulação promissora. In: RAMOS, M. H. R. R. (Org.). *Metamorfoses sociais e políticas urbanas*. Rio de Janeiro: DP&A, 2002.

__________. Serviço Social e informática. In: CEFESS; ABEPSS; CEAD/UNB. (Org.). *Capacitação em Serviço Social*. Brasília: UnB, 2000. p. 255-270, v. 4.

TAPAJÓS, L. *Informação e políticas de seguridade social*: uma nova arena de realizações dos direitos sociais. 2003. Tese (Doutorado) – Pontifícia Universidade Católica de São Paulo.

_________. Pensando tecnologia e sociedade. [s/l]: [s/d], mimeo.

TAUILLE, José Ricardo. *Para reconstruir o Brasil contemporâneo*: trabalho, tecnologia e acumulação. Rio de Janeiro: Contraponto, 2001.

TAVARES, Cristina; SELIGMAN, Milton. *Informática*: a batalha do século XXI. Rio de Janeiro: Paz e Terra, 1984.

TEIXEIRA, Francisco José Soares. Modernidade e crise: reestruturação capitalista e ou fim do capitalismo. In: OLIVEIRA, Manfredo; TEIXEIRA, Francisco (Orgs.). *Neoliberalismo e reestruturação produtiva*. São Paulo: Cortez/UECE, 1996.

TELLES, Vera. Pobreza e cidadania: precariedade e condições de vida. In: *Terceirização*: diversidade e negociação no mundo do trabalho. São Paulo: HUCITEC/ CEDI-NETS, 1994.

TOFFLER, Alvin. *A Terceira Onda*. Rio de Janeiro: Editora Record, 1992.

VARGAS, M. Prefácio. In: GRINSPUN, Mírian P. S. Zippin (Org.). *Educação tecnológica* – desafios e perspectivas. 3. ed. rev. e ampl. São Paulo: Cortez, 2009.

_________. *Para uma filosofia da tecnologia*. São Paulo: Alfa-Ômega, 1994.

VELOSO, R. *Serviço social, tecnologia da informação e trabalho*. São Paulo: Cortez, 2011.

_________. *Cadastro único*: o potencial da Tecnologia da Informação para o acesso ao Programa Bolsa Família. Projeto de Pesquisa. Rio de Janeiro: UERJ, 2010.

_________. *Tecnologias da informação*: assessoria a processos de apropriação. Projeto de Extensão. Rio de Janeiro: UERJ, 2010.

_________. Tecnologias da informação: potencialidades contraditórias. In: SALES, M. A.; RUIZ, J. L. S. (Orgs.). *Mídia, questão social e serviço social*. São Paulo: Cortez, 2009.

_________. et al. *Tecnologia da Informação a Serviço do Social* – uma análise de seu potencial para a gestão pública. Projeto de Pesquisa. Rio de Janeiro: UERJ, 2009.

_________. *Tecnologia da informação*: contribuição importante para o exercício profissional? Tese de Doutorado. Rio de Janeiro: UFRJ, 2006.

_________. Neoliberalismo e políticas sociais: algumas notas para discussão. In: *ADVIR*. Rio de Janeiro: Asduerj, 2005.

_________. A tecnologia da informação a serviço do social. *CD-Rom do IX ENPESS*. Porto Alegre: ABEPSS, 2004.

VIEIRA PINTO, Á. Sistemas de informação e de gestão do Programa Bolsa Família e do Cadastro Único de Programas Sociais do Governo Federal. In: Concepção e gestão da política social não contributiva no Brasil. Brasília: MDS/UNESCO, 2009.

_________. *O conceito de tecnologia*. Rio de Janeiro: Contraponto, 2005. v. 1.

WAINER, Jacques. O paradoxo da produtividade. In: RUBEN, G. et al. (Orgs.). *Informática, organizações e sociedade no Brasil*. São Paulo: Cortez, 2003.

DATA: 24/05/16
PROC.: Anhanguera Educacional
PREÇO: Acervo 2016.1